新潮新書

山内昌之
YAMAUCHI Masayuki

嫉妬の世界史

091

新潮社

人間、出来ることなら、嫉妬からだけは免れていたいものです！（イアーゴー）

シェイクスピア『オセロー』第三幕第三場

嫉妬の世界史——目次

序　章　ねたみとそねみが歴史を変える　9
嫉妬は女の特権ではない。色恋沙汰ならまだしも、身過ぎ世過ぎに関する男のねたみそねみは国をも滅ぼす。忠臣蔵も関ヶ原の合戦も、もとを辿れば抑えきれない妬心に行き着くのだから——。

第一章　臣下を認められない君主　22
上杉定正と太田道灌、アレクサンドロス大王、徳川慶喜と勝海舟、ナースィルとサラディン、孫権、島津久光と西郷隆盛。上司の心の奥底にあったのは、やっかみか、老醜か、意地か、はたまた政治リアリズムか。

第二章　烈女の一念、男を殺す　44
息子のために名宰相を殺したスレイマン大帝の寵姫ロクソランは帝国を衰亡させ、権力欲の果てに功臣を次々と殺戮した劉邦の糟糠の妻・呂后は、一族を滅亡に導いた。時に男より残酷になれる、女たちの執念。

第三章　熾烈なライヴァル関係　58
軍医として文士として、自らに向けられた嫉妬に激しく反応した森鷗外は、終生あらゆる手段を用いた足の引っ張り合いの只中にあった。いっぽう近藤勇は、伊東甲子太郎の闇討ちに至る。同志が一線を越える時。

第四章　主人の恩寵がもたらすもの　83
殉死を許されないほど重用された阿部一族は死に絶え、ヒトラーとロンメルの蜜月もやがて不幸な結末を迎える。実業界も同様だが、パトロンの寵愛が深いほど、その死はもちろん、すれ違いもまた悲劇をもたらす。

第五章　学者世界の憂鬱　101
都会の洗練をまとった人格者で、研究に文筆に社交にと才を発揮した雪の博士、中谷宇吉郎の沈黙。小学校中退の自由奔放な植物学者、牧野富太郎の饒舌。嫉妬をめぐる対応に見る、スター学者二人の人生観。

第六章　天才の迂闊、秀才の周到　122
稀代の戦略家・石原莞爾をはじめ、山下奉文らをも追い落とした東条英機。組織運営の実務にあたる秀才の論理は、天才を駆逐する。一介の〝努力の人〟は、いかにして陸相、果ては総理にまで昇りつめたか。

第七章　独裁者の業　139
共和制ローマで突出したカエサルが闇に葬られたのと反対に、のちの独裁者、なかでも共産主義の指導者は嫉妬を体制に組み込む。かくしてスターリンはトハチェフスキーを、毛沢東は劉少奇を死に追いやった。

第八章　兄弟だからこそ　157
島津義久と義弘、中大兄皇子と大海人皇子、源頼朝と義経、長尾晴景と上杉謙信、徳川家光と忠長――。弟を前に心穏やかでいられない兄は、枚挙に遑《いとま》がない。稀な例外は武田信玄の信頼を勝ち得た信繁。

第九章　相容れない者たち　170
冒険心と義侠心で突っ走るスター軍人ゴードンと、透徹したエスタブリッシュメントの辣腕官僚ベアリング。いくらそれぞれが自らの任務に才能を発揮しても、水と油の二人。そして英雄は非業の死を遂げた。

終　章　嫉妬されなかった男　184
決して手の内を見せないボケ元こと杉山元、軍人離れした飄逸さの寺内寿一。そして悪意を持ちようもない家光の庶弟・保科正之の人となりと、世界に先駆けた善政の数々。歴史上の人物に学ぶ、処世の知恵。

主要参照文献　199

あとがき　204

序　章　ねたみとそねみが歴史を変える

嫉妬心が生まれる時

九代目松本幸四郎は、まだ市川染五郎を名乗っていたとき、思いがけなくブロードウェイの「国際ドン・キホーテ・フェスティバル」に招待されることが決まった。一九六九年九月のことである。すぐに、『ラ・マンチャの男』を制作した菊田一夫に報告したのは当然であろう。

すると菊田はたった一言「よかったね」とつぶやいた。そして、高麗屋こと幸四郎が生涯忘れられない、独特な表情を浮かべたという。

いわくいいがたい顔でしたね。同じ表情を昨年見ました。野茂投手が大リーグで活躍していることについてコメントを求められた金田正一さんの表情です。祝福と同時にくやしさというんでしょうか。なぜ自分でなくこの男にスポットが当たるのかといった感じの表情でしたね。

（松本幸四郎、水落潔『幸四郎の見果てぬ夢』）

東宝の菊田一夫は『マイ・フェア・レディ』や『風と共に去りぬ』などを手がけ、日本にミュージカルを根付かせようとしていた男である。本家本元の自分でなく、弟子だけが本場のブロードウェイに招かれたことに複雑な思いをしたに違いない。

他人が順調であり幸運であることをにくむ感情を「嫉妬」とすれば、菊田一夫はまちがいなく幸四郎に嫉妬したのである。

身近な人間、しかも手塩にかけた弟子が他人に賞讃されて嫌なはずはない。しかし同時に、芸能人には自信と矜持《きょうじ》もある。名誉欲も中途半端でない。これらがないまぜになって嫉妬心がふきだし、つい弟子と張り合いたくなったのだろうか。ラジオ・ドラマの『君の名は』で絶大な人気をえた菊田にしてこうである。彼は、うわべの祝福と内なるねたみとのバランスをとるのに苦労したにちがいない。苦渋のほどがしのばれるというものだ。

私も、ほとんど同じ顔をブラウン管で見たことがある。それは、シドニー五輪の女子マラソンで高橋尚子が優勝したときに、思わず複雑な表情を浮かべた先輩Xの変容である。幽《かす》かな笑顔、キラリと光った目、うわずったコメント。私は、これほどちぐはぐな組み合わせを見たことはない。Xがよせた祝福の言葉もよそよそしく感じたのは、気のせいであろうか。

これは芝居やスポーツに限ったことではない。何かを自分と同じ程度にしかできないか、あるいは自分ほどにもできないと見ていた人間が世の賞讃を受けたときに出る素直な感情こそ、嫉妬なのである。自分ができないからこそ人の成功をねたむ場合もあるだろう。いずれにせよ、身近の者がほめられると、大多数の人は対抗心と名誉欲を押さえられないものだ。その感情の量が多い人こそ、嫉妬の炎《ほむら》を燃やすのである。

始末におえない男の嫉妬

嫉妬は女のさがであり、男は嫉妬しないと言う人もいる。

たしかに、白川静もいうように嫉とは疾に通じ、疾病《しっぺい》や疾悪《しつお》という意味につながる。もともとが、その情は「女人において特に甚だしい」ことから、嫉の字を用いたというのだ。「ねたむ」「そねむ」の意味をもつ妬も、女偏をもつのは同じことである（『字訓』）。

しかし、男も嫉妬するのだ。男が嫉妬しないという人は、古代ギリシアの政治家テミストクレスの言い分を聞いてみよう。

彼は、まだ自分はねたまれたこともないところから見て、何一つ輝かしいことはしていない、と語ったことがある。もちろんわれわれ普通人は、「仰ぎ見られること」を望むあまりに、好き好んで嫉妬されることを望む必要はないのだ（アイリアノス『ギリシア奇談集』）。

実際にテミストクレスは、サラミスの海戦（前四八〇）でアケメネス朝ペルシアの海軍を撃破しながら、市民の強烈な嫉妬と反感にあって陶片追放で死刑を宣告されたのである。テミストクレスは、皮肉なことにペルシアに亡命した。さしずめ、中国古代のことわざにいう「野獣すでに尽きて猟犬煮らる」というところかもしれない。

中国では、病的なやきもちやきを「妬癡《とち》」と呼ぶ。唐の時代に李益という男がいた。この人物は自分の妻女を疑い、明けても暮れても苛酷なまでに「妬癡」したために、男の妬疾のはなはだしいことを「李益の疾」というくらいであった。また、男の妬を指すために「娼《ぼう》」という漢字があったほどである（『字統』）。この点でいえば、むしろ男の嫉妬の方が始末におえないのである。

たしかに、一部の極端な事例はともかく、女性の嫉妬にはどこか可愛く間の抜けたところがある。「おかやき」という言葉にも愛嬌がひそんでいる。他人の仲の良さをねたんだり、はたでやきもちをやくのは、女性のせっかい好きと無関係ではない。

それと引き換え、男性の嫉妬はどうにも陰性で粘液質ではないだろうか。自分が他人より劣る、不幸だという競争的な意識があって心にうらみなげくことを「嫉《ねた》む」という感情だと考えるなら（『字訓』）、古くから仕事の上で競争にさらされてきた男の場合こそ、嫉妬心を無視するわけにはいかないのだ。

シェイクスピアの悲劇『オセロー』でも、イアーゴーの妻エミリアのせりふには辛辣な棘《とげ》が感じられない。ムーア人の将軍オセローの勲《いさおし》にねたみやそねみを抱く旗手イアーゴーは、芝居を動かす悪役である。

その妻でもエミリアは、夫の愛人をめぐって嫉妬に夜も日も明けないといった風情をあらわにしながら、自分ながら理不尽な嫉妬を観察し分析できる素直な視線をもっているのだ。「何かあるから嫉《や》くのではない、嫉かずにいられないから嫉くだけのこと、嫉妬というものはみずから孕《はら》んで、みずから生れ落ちる化物なのでございますもの」

これが主人公オセローの告白となると、歴史が男の存在や仕事をまるごと否定したかのような悲壮感にあふれている。神が愛妻デズデモーナへの嫉妬を命じたと思いこむ真情を吐露するからだ。「このおれが日夜嫉妬に苦しめられて暮すようになるというのか、月の満ち干につられて、疑いの雲をつのらせるおれと思うのか？」と。

弊害と効用

男女を問わずに、嫉妬は本当に厄介な感情である。

中国史の宦官《かんがん》のように男の性器を切除された複雑な人間たちは、はなから人を信用せず強烈な嫉妬心を内に秘めながら、陰謀と競争の社会を生き抜いたものだ。中国史で宦官が関わる王朝の政変や権力の交替劇は、それだけで万巻《まんがん》の書ができるほどである。企業や組織でも秘かに人を追い落とす工作にあたった人のなかには、宦官のはりめぐらす凄まじい陰謀や詐術《さじゅつ》のほどを勉強した者もいたにちがいない。

嫉妬して人を陥れることや害を与えることを、「妬害」や「嫉害」と呼ぶ。皇帝を有能な実子や側近への嫉妬にかりたて猜疑《さいぎ》心を深くさせる術策は、現代の組織でもゆうに通用するほどだ。

そこまで人間のさがを悪くとらなくても、奸計《かんけい》をめぐらす旗手イアーゴーも将軍オセローに述べたように、人間は「他人の弱点に首を突きこみたがる、時には嫉妬のあまり、そこに在りもしない過ちをこしらえあげてしまう」ような「悪い病気」から、完全に自由ではないのだ（『オセロー』）。

自分の才能に自信をもつ人は、他人が自分をねたんでいると思いこむ前に、よく己の胸にも手をあて考えてみたらよい。己も他人を何かしら嫉妬していることに気がつくだろう。嫉妬は寒暖と同じかもしれない。適度に他人をねたむのは、人間の感情コントロールにとって爽快とはいえないにせよ必要悪の一面もあるからだ。

しかし嫉妬もゆきすぎれば、心中に鬱屈をもたらし本当の自分を見失ってしまう危険も大きい。適度の嫉妬心であれば、健康を維持する体内の自動調節作用のような働きをするかもしれない。

しかし、すさまじい嫉妬にさらされることに快感を得る成功者も多い。とくに芸術や芸能の世界では、人に嫉妬されるくらいでなければ良い仕事はできない。成功者は自分の考えた通りに人生や仕事がうまくいった話を他人に聞かせたくなるものだ。そのために失敗する事例も少なくない。つい嬉しくなって、嫌味に気がつかず鼻高々に自慢話をするとなれば、周囲の人間も鼻じろむからである。

他人には、思いがけなく成功したといっておけばよいのだ。すると、奴は幸運が味方をしたにすぎない、俺はすこしばかり不運なのだ、と運のせいにすることもできよう。運を定めるのは実力や努力ではないから、人には自分を慰める余地が残される。まさにフランスのことわざにもいう、「自分を慰める言葉は見つかるもの」で、傷を癒せるのである。

忠臣蔵の背景

政治家の世界には、大臣病をあげるまでもなく、今も昔も嫉妬深い人が多い。自慢話や大言壮語だけでも嫌われるのに、有力者のおぼえが目出度く引きも強いとなると、誰であっても万事ほどほどの嗜《たしな》みやわきまえを忘れてしまうのがこわい。

ローマ帝政期のギリシアの博学な著述家、プルタルコスも注意したように、自己賞讃の病にとりつかれる者は、廷臣と軍人に多かった。たった今、権力者の宴会から戻ってきた人、国政の重大事を論じてきたばかりの人には、皇族や有名人の名をしきりに会話に入れたがるタイプが多い。

権力のインナー（奥の院）から排除されくやしい思いをしている人にとって、これほど嫌味な振舞いはない。権力者の秘密を知っているといった自慢話が無神経なほど好きな人は、嫌われても当然なのである。実務の力も乏しく収入も少ないくせに、皇帝や国王の側に侍《はべ》るというだけの理由で高い格式を誇る人は、嫉妬にさらされやすい。

赤穂浪士の討ち入り、『忠臣蔵』でおなじみの吉良上野介義央《きらこうずけのすけよしなか》が浅野内匠頭長矩《たくみのかみながのり》の恨みをかって江戸城中で刺されたのは、大名たちがひとしなみ吉良に抱いていた嫉妬の産物だったという説さえあるほどだ（堀新「高家《こうけ》筆頭吉良義央は羨望《せんぼう》と嫉妬の的だった」、佐藤孔亮『「忠臣蔵事件」の真相』）。

吉良上野介は、江戸幕府において朝廷や公家との交渉にあたる高家という特殊な役職にあっただけでなく、高家肝煎《きもいり》として並の大名より高い官位を与えられていた。足利将軍家の血筋につながる名門の吉良上野介は、なんと二十三歳で従四位上侍従となり、まもなく少将に進んだ。少将という官職になると、殿中では老中よりも上席となるのが普通である。今日でいえば、さながら宮内庁の式部官長や外務省の儀典長が、首相あるいはそれに準じる重要閣僚よりも席次で格上になるとでもいえようか。

まして、浅野など一般大名は従五位下の格式にすぎない。しかも多くの大名は、これ以上の位階に昇進できなかったのである。浅野と吉良との間には、従五位上、正五位下、正五位上、従四位下といった四つもの位階差が厳然と存在したのである。

吉良の席次は、徳川御三家（尾張・紀伊・水戸）や加賀百三万石の前田家、さらに幕閣の最高実力者たる大老の酒井忠清（前橋十五万石）のすぐ後に位置したほど高いのだ。石高わずか四千二百石にすぎない旗本が、二十七万石の藤堂家（津藩）や、譜代大名筆頭三十五万石の井伊家（彦根藩）より上位に据えられたのである。吉良から儀礼指南を受けた浅野に限らず、誇り高い大名たちからすれば面白くなかったにちがいない。

事実、元禄二年（一六八九）に官位順に定められた江戸城内の席次では、吉良上野介が国持大名よりも上席になってしまい、加賀前田家はあからさまに憤慨したと伝えられる。この屈折感は、前田家に及ばない中小の大名なら、なおのこと募ったことだろう。そのうえ一般の大名は屈辱的にも、朝廷に叙任された官職の受け渡しを、吉良などの高家に委任するしきたりになっていた。心中ひそかな反感とともに、複雑な嫉妬心がとぐろを巻いていたとしても不思議はない。

もちろん軋轢《あつれき》は吉良のせいだけではない。むしろ、幕府の行政システムが生んだ奇妙なねじれこそ問題なのである。しかし大名のねたみは、制度よりも個別の人格に向けられがちだった。それが江戸時代の世間というものである。

いずれにせよ、普段は歯牙にもかけない旗本の指導を受けた大名の妬心と反感の奇妙な結合を理解しておくと、浅野が吉良に斬りつけた事件の背景も分かりやすいだろう。吉良を討った大石内蔵助《くらのすけ》らを預かった熊本五十四万石の細川家は、美食や酒肴を連日供するなど浪士たちを丁重に遇した。大石たちが音《ね》をあげるほどの厚遇は、吉良に含むところのあった大藩の意地でもあり、幕府へのあてつけだったのかもしれない。

国を動かす嫉妬

嫉妬は武士の刃傷沙汰《にんじょうざた》を引き起こすくらいだから、戦争の原因になったとしてもおかしくない。

嫉妬はどちらかといえば内向的であり、ときに気の許せる内輪でも起きることがありうる。しかし、やっかみとひがみが臆面もなく人びとの間に広がり、嫉妬が陰謀と結びついたときに発する厖大《ぼうだい》なエネルギーは、戦争のように歴史を変える大事件を引き起こしてきた。

十四世紀に活躍したチュニス生まれの歴史哲学者イブン・ハルドゥーンによれば、戦争をもたらす復讐心は、一般に嫉妬や羨望などから起こったのである（『歴史序説』第二巻）。日本でも天下分け目となった関ヶ原の合戦（一六〇〇）は、豊臣秀吉の寵《ちょう》をほしいままにした文治派の石田三成に対する武断派の加藤清正や福島正則らの強烈なねたみややっかみを、徳川家康が巧みに利用したことが直接の原因となったのである。

最近では、一九九〇年から九一年にかけて起きたペルシア湾岸の危機と戦争は、豊かな産油国クウェートに対するサッダーム・フセインのイラクによるねたみだけでなく、クウェートの富に対するアラブ世論のやっかみがもたらしたものでもあった。市民が国家を嫉妬するだけではなかったのだ。国家も国家を嫉妬するのである。

他人の才能と成功に向けられた嫉妬の例は世界史でも多い。歴史的に、凡人が才人を嫉妬した例は数え切れないほどあった。政治家や軍人の場合に、嫉妬が国の進路を誤らせる原因にさえなった事実を知ると、その恐ろしさを痛感せざるをえない。

第一章　臣下を認められない君主

君主の懊悩

現代の組織でも、部下に嫉妬する上司は珍しくない。歴史上の君主のなかには、家臣の人望や実力をやっかむあまり、国を衰亡に追いやった者もいた。

十五世紀に江戸城をつくった名将、太田道灌も主人に殺害された武将である。その主君、鎌倉執事の上杉定正は、足利幕府の権威の衰えとともに麻のように乱れた戦国の関東を抑えようと道灌を活用した。道灌は江戸から出撃して、三十回以上も関東の野に戦った。

上杉氏には主に、館の名にちなむ扇谷《おうぎがやつ》と山内《やまのうち》の二流があったが、定正は扇谷家の当主だった。道灌の知略で押されぎみの宗家筋の山内家は、定正の弱みにつけこんだ。すなわち、定正は道灌の声望と実力が日ましに自分を圧することを疎《うと》ましく思っていたからだ。ライヴァルの山内家や他の家臣のそねみにうかうかと乗って忠臣を殺害したのは迂《う》闊《かつ》なことであった。

今も皇居の道灌濠《ぼり》に名を留めるこの名将は足軽を動かす軍事作戦を得意としたが、学問や詩歌をたしなむ関東屈指の政治家でもあった。上洛したとき、後花園天皇に武蔵野の眺望を問われると、すぐに和歌で応えた。これはいたく天皇を感動させたという。

露置かぬ方もありけり夕立の空よりひろき武蔵野の原
我が庵《いお》は松原つづき海近く不盡《ふじ》のたかねを軒端《のきば》にぞ見る

何という詩的なイマジネーションであろうか。道灌は一四八六年に糟谷（現・神奈川県伊勢原市）で自分を疎んだ主人が放った刺客に襲われたとき、「（功臣の自分を殺せば）当方、滅亡！」と一声叫んで事切れたともいう。主人定正は、あまりの卑劣さに心ある家臣たちに見限られ、いくばくもなく自滅した。

こうしてみると、部下の成功や能力をねたむ狭量ぶりは、君主や上司の資質に欠けるというべきなのだろうか。一概にはそう言い切れないあたりが、嫉妬のもつ面白い綾《あや》なのである。太田道灌はいざしらず、才智がどれほどすぐれていても忠誠心が疑わしい家臣や部下も世界史に数多く登場する。敵対や謀反の気運を察し、事前に危険を摘み取るのも君主の才覚というものなのだ。

アレクサンドロス大王といえば、前四世紀にマケドニアからインド北西部にかけて大帝国をつくり、東西文明を融合させるヘレニズムをもたらした君主であった。そのアレクサンドロス大王にも嫉妬心はあった。もっともそれは、ほとんど政治的な敵愾《てきがい》心といってもよく、上杉定正のような単純なねたみとは違うのだ。西暦二〇〇年頃に活躍したローマの著述家アイリアノスは次のように述べている。

アレクサンドロスは、配下の部将たちに対して嫉妬心［敵愾心］がすこぶる強く、どの人物についてもよく言うことはなかったが、その理由は様々であった、と伝えられている。戦術に巧みであるという理由でペルディッカスを憎み、統率の才があるというのでリュシマコスを、勇敢であるというのでセレウコスに敵意を抱いていた。またアンティゴノスの野心満々たる性格も彼の気にさわり、プトレマイオスの要領のよさにも疑念を抱くし、アタリアスの放埓《ほうらつ》、ペイトンの謀叛《むほん》心を恐れてもいた。

（『ギリシア奇談集』）

いずれも、アレクサンドロスの死（前三二三）後、ディアドコイ（後継者）戦争で旧主の遺領をめぐって争いを重ねる野心満々の顔ぶれである。たとえば、ペルディッカスは宰相となり、リュシマコスはトラキア、セレウコスはシリア、アンティゴノスはマケドニア、プトレマイオスはエジプトにそれぞれ独立王朝をつくり、たがいに角逐を繰り返した。

臣下に疎まれた最後の将軍

たしかに、アレクサンドロスの嫉妬心は相当なものであった。とはいえ彼には、遠征の先頭に立ち、ナイルからインダスのほとりまで席巻する意志力があり、責任感も強かった。

　これと比べるなら、徳川十五代将軍でありながら鳥羽伏見の戦い（一八六八）後に家臣を置き去りにして大坂城を逃げだした徳川慶喜は、いまの世なら、政治家というよりも評論家が似合いである。幕府を瓦解させた責任感はひとかけらもないくせに、家臣の才にはめっぽう嫉妬深い殿様だった。

　慶喜のやっかみと猜疑心を一身に受けたのは、幕府の軍艦奉行をつとめた勝海舟である。海舟は、鳥羽伏見の敗戦後、西郷隆盛と腹を割って話し合い、江戸の町々を砲火から救い慶喜の命を救った。この勝海舟であっても、慶喜のねたみをいつもチクリチクリと受けただけに、晩年の海舟の思い出話は最後の将軍の嫌らしさを隠そうとしない。

　勝は、幕府の威権回復を狙った第二次長州戦争（一八六六）にあたって軍艦奉行に復職し、協力的とはいえない薩摩藩の大久保一蔵（利通）らを、せめて積極的に幕府を妨害せぬように説得し成功したことがあった。すると慶喜は、「勝は至つて、手広いから、何事を仕出すかも知れません、御用が済んだら、早く還す方がいい」と人に語り、実に冷淡に厄介払いしようとした。

勝海舟も腹に据えかねて、開き直っている。慶喜には「あの頃は、原市と云ふものが付いて居てネ、あれがどう云ふものか、大へん、己を嫌ひなのサ。功を嫉むと云ふものか、ごく、陰険で、中々の才子だつたがネ、水戸人でネ」。勝は、一橋家の謀臣・原市之進に託して慶喜の嫉妬深さを語っているのだ。慶喜にはどこか「妬賢」（賢をねたむ）という風情がある。

慶喜を嫌いだったのは、勝海舟だけではない。この点では、勝と立場の違う勘定奉行の小栗上野介忠順《ただまさ》はじめ、老中など幕府のエリートもみな同じだった。「慶喜は、関東の方でも受けが悪るし、役人が皆嫌ひだからネ」（巌本善治編『増補海舟座談』）とは、海舟の物言いも遠慮がないものだ。

勝や小栗に限らず幕府の誰も、病弱ながら先頭に立ち大任に向かいあった十四代将軍家茂《いえもち》こそ、尊敬すべき主君と思っていた。この気持ちが分かるから、慶喜も癪《しゃく》だったのだろう。政治工作が巧くいかないと、自分の卑怯や無責任を棚にあげて「わが方に西郷は居《お》るか、大久保は居るか」と徳川家の人材難をあげつらい、自分は安全地帯に逃げてしまう。器が小さいくせに嫉妬心を丸だしにする経営者は、いまでも嫌われる。

勝海舟や小栗上野介らは、痩せても枯れても徳川宗家の直参《じきさん》であったが、慶喜は傍系疎族から歓迎もされずに入った主君にすぎない。さしずめ、それなりに能力もやる気もある社員のいる斜陽名門企業に、恰好《かっこう》と理屈だけは一人前につけたがる傍流の坊ちゃんが臨時の社長として乗り込んだようなものだ。

夭折《ようせつ》した家茂の気品と鷹揚さをねたむ慶喜の品性に、反感を抱いた幕臣も多かっただろう。自らは水戸に難を避けたくせに、遣米使節まで務めた開明派の人材、小栗をむざむざと官軍に殺害させた慶喜の責任は大きい。

嫡流の王と傍系の英雄

君主の嫉妬や「妬賢」で思い出すのは、第三回十字軍（一一八九〜九二）の英雄サラーフウッディーン（サラディン）に対する、アッバース朝カリフのナースィルの尋常ならざるねたみである。

カリフとは、七世紀にイスラームの啓示を受けた預言者ムハンマドの代理人に許される称号である。最初の四人は信者の話し合いで選出されたが、ウマイヤ朝（六六一〜七五〇）から君主が世襲するようになった。『千夜一夜物語』の舞台となるバグダードを首都にしたアッバース朝（七五〇～一二五八）も、十字軍が襲来した十二世紀になると余命をわずかにつなぐほどの衰退ぶりであった。

サラディンは、暗愚な主君を常にたてながら、エルサレムをついに十字軍から解放した英雄である。イギリスのリチャード獅子心王やフランスのフィリップ二世らとの戦いは、イスラームの騎士道精神やヒューマニズムの精華としても有名であろう。

しかし、彼が「勝利の王」（マリク・アル＝ナースィル）の称号を名乗るとカリフのナースィルは、何故に自分の名前を断りなく名乗るのかといった底意地の悪い叱責を送り、エルサレム解放を素直に嘉賞しようとしない。難癖《なんくせ》といってよい。バグダードのカリフは、自分が何もできないのにサラディンの武功と人気だけは面白くないのだ。典型的な嫉妬心の発露である。これは上杉定正と太田道灌との関係に似ている。

サラディンが、アラブ人のカリフからすれば傍流中のまた傍流ともいうべきクルド人の出身だったことも、侮蔑感のないまぜになった嫉妬心をナースィルにもたせたのかもしれない。サラディンの名声をねたんでいるくせに、成果だけはしっかり自分のものにしようと必死になるあたりは、凡庸な経営者に似ている。スンナ派のカリフも落ちたものである。

しかも、嫉妬はやがて敵意にさえ変わったようだ。名目上とはいえ、イスラーム世界最高の宗教・政治の権威が部下をやっかむようでは、兵士や住民の士気も萎《な》えるというものだろう。嫌気がさしたサラディンの意欲や情熱も衰えると、その作戦や政治が巧くいくはずもなかった。

ナースィルには、クルド人サラディンへの侮蔑や嫉妬を煽《あお》る側近がいたのかもしれない。情報を誤って伝達するだけでなく、歪《ゆが》んだ情報をあえてナースィルの耳に入れたのだろう。

サラディンの方にも問題がある。形だけの主君に謂《い》われなき嫉妬を受けたなら、さっさと見切りをつければよいのである。力も実績もサラディンの方が上なのだ。不必要に気をつかいすぎると、かえって上司やライヴァルのねたみやそねみを助長するのと同じである。アッバース朝がもはや中東地域を統治する実力を失い権威も形骸化していたからこそ、エジプトに自分の王朝としてアイユーブ朝（一一六九〜一二五〇）を樹立しイスラーム世界の統一を回復しようとしたのだろう。

ひょっとしてサラディン自身にも、クルド人たる出自のコンプレックスや、アラブの嫡流への妙な遠慮があったのだろうか。しかし、この優柔不断さこそ、サラディンの生命を縮めただけでなく、十字軍戦争でも決定的勝利をのがす原因になったのである。

サラディンとカリフのナースィルとの関係を見ていると、政治における異端と正系の軋轢、企業の輸入人事とプロパーの反感、官庁における民間人登用のむずかしさなど、外の人材を活用する問題点をつい思い出してしまうのである。

ナースィルは、イアーゴーのせりふを知っていたとしても、その狭量な嫉妬心を変えられなかったにちがいない。「恐ろしいのは嫉妬です。それは目《ま》なじりを緑の炎に燃えあがらせた怪獣だ、人の心を餌食《えじき》とし、それを苦しめ弄《もてあそ》ぶのです」（『オセロー』）。

老醜の極み

それでもナースィルや徳川慶喜は、五十歳を過ぎてから部下に嫉妬や猜疑の眼を注ぐようになった孫権よりも、ましかもしれない。

『三国志』の主人公孫権は、二二九年（魏の太和三年）に臣下の要請で呉の帝位についたが、もはや周瑜・魯粛・呂蒙《りよもう》・陸遜ら有能の士に支えられながら、赤壁の戦い（二〇八）で曹操に完勝した当時の精気は失われていた。揚子江の赤壁で曹操率いる二十万の魏軍を迎撃し、おとりや火舟を用いて、わずか三万の兵力でさんざんに敵を破ったのは周瑜の頭脳であった。

天下三分の形勢をもたらした孫権も、皇帝を称してから勢いにかげりが見えはじめていた。驕りや判断力の低下のあまり、臣下の真贋《しんがん》を見極められなくなってきたのだ。道理や信念のない野心家を信用して、かえって猜疑心や嫉妬のかたまりとなっていく。蜀の宰相・諸葛孔明の好敵手だった陸遜の道理に叶《かな》った進言を拒否するあたりから、呉の将来に暗雲がたれこめたのだ。

募る一方の不満は、かろうじて恐怖政治で抑えられたにすぎない。呂壱《りよいつ》のごとき残忍で蛇のような男を信任し、冷酷に法を適用させたのである。長生きしすぎた孫権は老醜をさらしたといってもよい。

七十一歳で死んだ孫権は、曹操や劉備よりも長命であったが、「麒麟も老いては駑馬《どば》にも劣る」という金言を実地で証明したところがある。

三世紀西晋の歴史家・陳寿の『三国志』は、孫権には才がありはかりごとも大事にし、豪傑といってもよい人物だったと記している。だからこそ江南を支配し、三国鼎立を果たせたのである。「しかれども性、嫌忌多く、殺戮《さつりく》を果たし、末年に臻《いた》るに曁《およ》びては、いよいよ以てますます甚し」とは、ゆきすぎた嫉妬心のなれの果てを見るかのようだ。

殿様の意地

孫権のケースは極端にしても、ひらめきの鋭い独裁的経営者と手堅い実力派の辣腕重役との関係には、嫉妬の感情が十二分に芽生えるものだ。日本でいえば、幕末から明治初年の薩摩藩の実力者・島津久光と家臣・西郷隆盛（吉之助）との関係が、ひとつの材料を提供してくれる。

薩摩藩による倒幕は、この二人（と大久保利通）の絶妙な呼吸と連携によって実現した。久光は決して凡庸の器ではない。むしろ、大久保らのゲリラ的な中央突出論に対して藩を挙げて出兵する慎重論を主張し、つねに藩論を統一しながら上下一致結束して行動した点に、ややアナーキー（無政府）じみた水戸藩や長州藩と違う特徴があった。

明治維新で薩摩藩が中心的役割を演じた原因として、久光の指導性を無視できないのだ。慶喜打倒を久光が決心しなくては倒幕もできず、久光の役割をもっと評価すべきだという指摘は説得力に富んでいる（芳即正《かんばしのりまさ》『島津久光と明治維新』）。

しかし、島津久光には二つの弱みがあった。その一つは、藩主でなかったので対外的な政治活動を制約されたことである。久光は藩主茂久《もちひさ》（後の忠義）の実父であり、国許《くにもと》では「国父様」と呼ばれたが、ひとたび藩境を出ると無位無官の島津三郎にすぎなかった。もう一つは、家臣の西郷隆盛を過剰に意識したことである。

西郷は、お庭役として久光の兄斉彬《なりあきら》に仕えただけに、どうしても二人を比較して眺めがちだった。島津斉彬は、自前の産業化と兵器生産をはかりながら洋式軍制を導入した開明派の君主であった。今でも鹿児島の尚古集成館を訪れた人なら、反射炉の跡や切子《きりこ》細工の見事さに斉彬の遺産を見出すことができる。この兄と比べると久光はどうしても見劣りがすると、西郷には思えてならなかった。

西郷は、文久二（一八六二）年二月に、幕府をはばかり流刑にされていた奄美大島から帰国した。久光に召し出されると、その京都行きと公武合体（天皇と幕府を一体化させて幕藩体制を再強化する政治路線）の周旋にすぐ難色を示した。久光は亡兄斉彬の遺志を継いで入京計画を実現したいと語りかけると、殿は大事を果たせる器でないと言い切るのだから、西郷の話も穏やかでない。

二人がやりとりするうち西郷から出た有名な言葉が、「御前ニハ恐レナガラ地ゴロ」だから無理だという決めつけであった。「殿におかれては恐縮ながら田舎者でございますので」先君斉彬公のようなグランド・デザインを実現できない、という無礼な言葉なのである。

久光は、それから二十五年もたった死の前年（明治十九年）にこの話を漏らした。それまで腹にためていたのは、よほどに大きなショックと屈辱を受けたからだろう。「地ゴロ」とは、殿様が下級武士から面と向かって言われる言葉ではない。

実際に久光が兵力を率いて東上すると、西郷が命令を無視したことから、久光はその追放を決意、再び徳之島に遠島処分とした。久光は、西郷が野心から功名でも立てる了見であったのか、命に背いて事を挙げんとするのか、いずれかだったので処分に及んだと語っている。

二人はよほどソリが合わなかったのだろう。久光にいわせると、島にやったのは寛大な処分なのだ。「普通なら首でもはねなければならない奴じゃ。それをもどせなどとは以てのほかの話だ」と、宥免を求める家臣の進言をすぐに拒否している。西郷を徳之島ではあきたらず、もっと遠くの沖永良部島に移したことにも、久光の厳しさが現れている。久光は、「一生不返（帰れない）の流罪」にしたというほど激怒したのだ。

久光の西郷嫌いには、人望の厚い西郷へのねたみもあったのだろう。大久保一蔵らは熱心に弁護するし、西郷と一緒に流罪を甘んじて受けた者もおり、自殺する家臣さえ現れたからだ。何故《なにゆえ》に主君の命に背きながら西郷のために犠牲をいとわないのか、久光の感情は妬心も交えてイライラしたことだろう。

それでも幕末情勢の急転回は、久光に西郷を再起用せざるをえなくさせる。己の妥協に久光は不満だったかもしれない。二年ぶりに遠島処分を解くのは癪であった。西郷は「謀反をする奴だ」と述べて藩主（実子茂久）の許可を求めよというのは、殿様の意地というものだろう。

政治判断による統制

しかし、久光の政治的嗅覚はなかなかというほかない。明治維新後に西郷らが島津家の権威と力をないがしろにしただけでなく、廃藩置県から西南戦争まで突き進む叛意を早くからかぎつけていたからだ。久光の警戒心には、政治リアリズムの危険信号も点滅していたのである。

久光は、西郷の活動を許しながらも、彼を自分の監視の範囲内におこうとした。久光にも納得できると思いこんだ行動であっても、許容範囲を逸脱するとすぐに西郷は呼び戻され、下手をすると島送りになる一歩手前までいったこともある。第一次長州戦争でも西郷が越権行為に走ったと批判、江戸藩邸の定員削減も西郷の独断専行だと不満をもらし、薩長同盟の推進についても西郷への怒りを強める有様だった。

西郷が、幕末に武力倒幕路線への転換と久光の東上をうながしたときも、久光は政治の主導権が家臣に握られるのを潔しとしなかった。西郷は、提案がダメなら藩政から引退することも考えたという。

久光の怒りを心配したのは大久保である。西郷はひたすら謝罪するほかなかった。京都を中心に政治の実権を握った西郷や大久保は、一八六七（慶応三）年の王政復古の大号令によって政府の官員（天皇の直臣）となっていた。久光といえども二人の進退を思うままにできず、その憤りが浮かび上がってくる思いがする。一八七一（明治四）年の廃藩置県後になると、久光は政府の最高指導者となった西郷らを自由に処置できなくなったのだ。

しかし、一八七二年になっても久光は、侍従長の徳大寺実則《さねのり》に向かって、政府高官に成り上がった旧臣、西郷と大久保の罷免を要求したことがあった。決して西郷らを野放しにしていた訳ではなく、常に眼を光らせていたのである。

しかも新政府による叙位を聞いて、久光は怒り心頭に発したことだろう。久光は従三位、当主の忠義は従四位なのに、西郷は正三位であり大久保は従三位なのである。西郷の格下、大久保と同位というのでは、久光も納得できなかったであろう。さすがに西郷らは「旧藩主をしのぐことはできない」と叙位を辞退したが、勅命として許されなかった。

崩れ去る信頼関係

あれやこれやで大久保と西郷は、とにかく久光の鬱屈と不平不満にさらされる日々に嫌気がさしてきた。

大久保は、久光への機嫌伺いも兼ねて鹿児島に帰っても、一ヶ月以上も無視される有様だった。九回目の面談でようやく、久光の真意が文明開化への不満にあることを知ったのである。西郷はともかく、久光と大久保の信頼関係こそ倒幕につながるチームワークをつくってきたのに、久光のやっかみは大久保にも及んでしまう。双方の信頼関係は崩れ去ってしまったのだ。

廃藩置県についても久光は、「事皆西郷・大久保一輩の専断に出て、予議せる処なきを以て、往年以来の積鬱《せきうつ》重なりて」と不満をあらわにした。とくに、新たに参議となった西郷への恨みつらみは募る一方であった。

西郷の方にも責任は無くもない。明治天皇の鹿児島行幸に際しても、天皇が座した城の本丸に近いのに、西郷は二の丸の久光らに挨拶言上《あいさつごんじょう》にも来なかったのである。西郷にしてみれば、久光の嫉妬と雑言にさらされるのが憂鬱で、足もつい遠のいたのだろう。しかし、これは西郷が迂闊であった。久光は、一同示し合わせて旧主に挨拶にもこないと推測したからだ。この欠礼は何事かと叱責する。

久光は、政府の高官身分にあぐらをかいて流罪を解かれた恩も忘れたと詫びた西郷に、十四箇条の詰問状を出した。これには、さすがの西郷も「むちゃの御論あきれ果て候《そうろう》こと」と愕然としたらしい。

詰問内容は、鹿児島の兵隊たちがお前を登用するように述べたのは何故か、また何故に兵隊らの暴行を尻押ししたのかなど、西郷への個人的なうらみにみちみちている。別の機会にも、維新に際して藩主忠義の東征軍参加をやめさせたのも、島津の威力の低下を望んだからではないか、と疑心を隠さない。

久光は、事あるごとに主人を疎外する様子が見られると非難し、旧臣らは最近の軍事の功労はひとえに自分たちのものだと誇っているが、久光らが薩摩藩を犠牲にし一身をなげうって天下に従った事実を忘れたのかと憤る。また、旧藩士たちはささやかな功績を誇って旧主を侮蔑することから始まって、とくに私の家来五、六人はいちばん日本の醇風《じゅんぷう》良俗の否定を主張していると文明開化の新政に不満を洩らしたのである（『島津久光と明治維新』）。

遺恨の根源

もっとも、久光をただ嫉妬深いだけの小人物と考えるのは正確ではない。幕末でも公武合体から倒幕開国に舵《かじ》を切った、政治リアリストである。久光の西郷への疑念は、文明開化という新政府の理念への不満とも関わっていたが、左大臣などの高位を与えられても久光は、新政府の実権から完全に疎外されていた。

明治になっても久光が変わらなかったのは、西郷嫌いという一点であった。どう見ても、久光はずっと西郷を嫌い抜いている。死の直前まで、「地ゴロ」と呼ばれた屈辱を忘れることはなく、明治年間の回顧でも、沖永良部島に流罪となった西郷の赦免を願い出た者たちにきつい言葉をかけた逸話を、自分から確認するほどだった。

「貴様たちはだまされている。彼は謀反《むほん》をする奴《やつ》じゃ。とうてい薬鍋《くすりなべ》かけて死ぬ奴でない」

十四年も前、宮中で尊皇攘夷派が失脚し天誅組《てんちゅうぐみ》の変が大和で起きた年、一八六三（文久三）年冬の発言を憶えていたのは、よくよくのことだろう。「とうてい薬鍋かけて死ぬ奴でない」（畳の上では死なない）とは相当な表現である。あるいは、この発言も「地ゴロ」と呼ばれたことへの、秘かな意趣返しだったのかもしれない。殿様にしては相当に執念深い。

私は、久光が西郷のどこが気にくわず嫌いぬいたのかを、年来疑問に思っていた。答のカギを与えてくれたのは、晩年の江藤淳の仕事『南洲残影』であった。

よく知られているように、鹿児島県令大山綱良は西南戦争が起こると、陰に陽に西郷を支援した。幕末の寺田屋の変で過激派を排除し、後に東北の官軍参謀となった大山格之助である。綱良は、大山綱良は勅使に促され上京を決心したが、その理由として江藤は、久光がいささかも「掛念なく随行」したらよかろうとうそぶいたからだと推測する。また一説に、久光は腹心の大山が政府と西郷との間を「調停」できると期待したからだともいわれる。

ところが、大山の東上を聞いた西郷は「愚なるかな大山、彼は命を知らざる者なり」

と笑ったという。大山が薩摩のことしか考えていなかったからだろうか。江藤によれば、西郷の真意は、薩摩への忠義でもなく久光や旧藩主への忠義でもない。「おいどんの忠義は、もっと大《ふと》かものへの忠義でごあす」というのであった。

西洋に食いものにされ、大官に食いものにされた新生日本。おのれの「条理」は大山綱良とちがって、法廷で争うようなものではない。このあたりのスケールの大きさと薩摩の枠を越えた思想こそ、江藤淳にいわせると、日本人の心情を深く揺り動かしてやまない西郷南洲（隆盛の号）敬慕の念なのであった。これを江藤は「『西郷南洲』という思想」と呼んでいる。

してみると久光の嫉妬も、西郷の人望や才知だけに向けられた卑小なものではなかったかもしれない。政治リアリストでもあった久光は、西郷のなかに個人の業績を超えて歴史に残る思想の厚みを、幕末以来いちはやく感じ取っていたのではなかろうか。

自らが到底叶えられない歴史の神話につながる西郷の大きさを感得したとき、久光の不安は狂おしい嫉妬へ変わったとでもいえばよいだろうか。

第二章　烈女の一念、男を殺す

劉邦夫人・呂后の猜疑心

出来る男は、出来る女にとってもライヴァルになりうる。男の成功をそねむのは男だけではない。歴史をひもとくと、国を傾ける女の嫉妬の事例には事欠かないのである。

オスマン帝国最盛期十六世紀のスルタン、スレイマン大帝の寵姫《ちょうき》ロクソランは絶世の美女であった。しかし彼女は、暗愚な実子セリム三世の権力を確固たるものにするために、キプロス征服や東方領土の安定に貢献した大宰相ソコルル・メフメト・パシャ暗殺の糸を背後で引いたようだ。ハーレムに依拠した自分の力が削がれるのを怖れたロクソランは、大宰相の声望と実力に不安を感じたからである。

この愚行は、史上最大のイスラーム国家を凋落《ちょうらく》に導くきっかけとなった。面白いのは、ソコルル・メフメトはボスニアのキリスト教徒の出身で幼名をバヨといい、ロクソランもウクライナ人、少なくともスラブ系の血を引く女性だったことである。二人の「ヨーロッパ人」がイスラーム帝国で、君寵をめぐって妬心を抱いたというのは興味深い。

さて、前漢の創始者、高祖劉邦が西暦の紀元前一九五年に死んだ時、寵姫の戚《せき》夫人は呂后《りょこう》と呼ばれた皇后のすさまじい嫉妬を受けて「人彘《じんてい》」となった。五体を傷つけられた「人ブタ」の意味である。

絶世の美女は、いまや手足を切断されただけではない。眼をぬかれ耳をやかれた上に発声能力も奪われた挙句、天井の低い「廁中《しちゅう》」(かわやの中)におかれた。劉邦の寵愛を受け皇子を生んだ咎《とが》を一身に受けたのである。呂后の実子、心優しい恵帝は「人彘」を見せられて、「人のすることではありません」と嘆き悲しんで政務をとろうとしなくなったほどだ。

しかし、呂后の異常行動がこれだけなら、彼女は異常に残酷な女性として青史に名を留めただけにすぎないだろう。むしろ彼女の凄みは、劉邦を天下人に仕立てるために権謀術策の限りをつくした点にある。創業の功臣さえ粛清するのをいとわず、本能的な警戒心で自分と劉邦にあだなす輩を陰謀と巧言で排除していったのだ。

　彼女の足跡を見ると、出来る女が出来る男を嫉妬することわさを知ることができよう。「嫉」や「嫌」（そねむ）といった言葉は嫌悪を意味するだけでなく、猜忌《さいき》と嫉妬を兼ねた憎み嫌う状態だとすれば、まさに呂后の感情を言い表すのにふさわしい。

　劉邦といえば、江蘇《こうそ》の沛《はい》で生まれた微賤の徒で、酒色を好みながら不思議と人に好かれるたちであった。呂后は、劉邦が行方をくらましてもすぐに探し当てられると自慢したものだ。彼女は、亭主のいるところには独特な気が立っているからすぐわかると説明した。男まさりの呂后も、亭主のプライドをくすぐるのを忘れなかったのである。

　劉邦は、秦の始皇帝が死んだ後に起きた各地の反乱に呼応して挙兵、前二〇六年には楚の貴族の項羽とともに秦帝国を滅ぼした。いったんは項羽の下風に立ち「漢中王」に封ぜられながら、のちに反旗を翻して天下を争い、苦戦の末、前二〇二年に項羽を倒して漢帝国を開いたのである。

　もともと呂后は、劉邦の福相と天運に目をつけた父によって妻《めあ》わされた。掃除のはしためなりとでも使ってほしいと乞うたのである。劉邦の失意と試練の時期にも、呂后は夫の側を離れず、「糟糠」つまり「さけかす」と「こめぬか」など粗末な食べ物に辛抱し、乏しい暮らしをしながら劉邦を励ましてきた。

呂后には、乱世を勝ち抜いて劉邦と自分が漢の天下をつくった、という意識が強かったのだろう。南の項羽、北の遊牧民族・匈奴《きょうど》の冒頓《ぼくとつ》という英傑に挟まれながら、漢帝国をつくった劉邦を押し上げたのは自分だという自負もあった。二人の汗と努力の結晶をむざむざ他人に簒奪《さんだつ》されてたまるものかと、いつも目を光らせていた。

なかでも、亭主以上の器量人かもしれない男たちには、呂后の嫉妬と猜疑のまなこが光ったのである。呂后は、劉邦の若い時分からの取り巻きや有能な将軍であっても、決して心を許さなかった。

二人の関係には、悲劇が起こる前のアガメムノーンと王妃クリュタイメーストラーの組み合わせにも似たところがある。苦節十年の末ついにトロヤの都を攻略、凱旋したギリシアの総大将の話は、前五世紀の悲劇詩人アイスキュロスの『アガメムノーン』などに詳しい。この二人は、知らず知らずのうちに一種の任務分担をしていた。

アガメムノーンは、黙っていても名声とは高々と鳴りひびくものだと考え、わきまえをしっかりもてばよいと信じる。奥ゆかしく慎重なアガメムノーンに対して、妃のクリュタイメーストラーは「ひとの妬みをおそれていては、羨《うらや》むべき世の手本と、讃えられるものにはなれません」と、権力への意志をもつよう励ますのであった。

徹底的な訴追

もっとも、劉邦は呂后のおかげで天下をとったという面もあるが、彼女のために評判を下げた面も否定できない。『史記』の著者・司馬遷は、呂后が生まれつき剛毅で劉邦を助けて天下を定めたことを評価するとともに、「大臣を誅《ちゅう》したのも、呂后の意によるところが多かった」と明言している。

とくに、呂后のすさまじい権力欲と嫉妬の犠牲になったのは、やや脇の甘い不世出の武将、韓信であった。若いときに臆病者と侮られ、「股の下をくぐれ」と言われて従ったこともある。大事に備えて小事に忍耐する「韓信の股くぐり」の謂われである。

彼は、勢いに乗って一時は、劉邦や項羽とともに天下を三分するほどの力をもっていたが、呂后の詭計によって無念の死に追いこまれた。斬られるときに韓信はこう述べている。「わたしは蒯通《かいとう》の計を用いなかったために、こうして婦女子に欺《あざむ》かれるにいたったのが残念だ。しかし、これも天命だろう」。この「蒯通の計」については後で触れる。

韓信のあとは、彭越《ほうえつ》も呂后にしてやられた。彭越も山東の漁民の出で、ときには手下を集めて群盗をはたらいた。秦の世が乱れると、劉邦の遊撃軍として楚の項羽と戦った。

項羽に勝つために、劉邦は韓信を斉王、彭越を梁王にして味方となし、垓下《がいか》の戦い（前二〇二）で楚軍を破るのに彭越は大いに貢献した。彭越は、項羽を亡き者にし劉邦に天下をとらせた点では、韓信と並ぶ功労者である。その後、劉邦は彭越を不意打ちにして虜《とりこ》にしたが、身分を庶民に落として西の蜀に追放することにした。さすがに劉邦は、命まで奪うには及ばないと考えたのだろう。

しかし、旅の途中で呂后と出会ったのが彭越の不運であった。呂后に潔白を訴え故郷に住みたいと嘆願すると、「わかりましたわ」とばかりに引き受け、彭越を連れて東に戻り、劉邦に会って言上した。呂后の言い分がすさまじい。「彭王は壮士ですのに、いま蜀にうつすのは、求めてのちのちの禍いを残すものです。殺してしまったほうがよいでしょう。そう思ってわたしは同道して来ました」

このあと呂后はすぐに彭越が謀反をはかっていると告発し、劉邦にその一族を根絶させたというのだから情け容赦もない。彭越の屍《かばね》は醢《ひしお》すなわち「しおから」にされ、器に盛ってあまねく諸侯に賜ったので、一同みな恐れをいだいた。この執拗さにも呂后の意思が働いていたと考えるのは、うがちすぎだろうか。

また、彭越と韓信とならぶ同功一体の一人に淮南《わいなん》王の黥布《げいふ》もいた。正しくは英布というが、若いときに罪を得て黥《いれずみ》の刑に処せられたのでこの名がある。この黥布も巧みに誘い出され、叛旗を翻したが簡単に殺戮されてしまった。

劉邦と同郷で幼時から家族ぐるみの付き合いもあった盧綰《ろわん》でさえ、呂后の猜疑と嫉妬を避けることはできなかった。盧綰は、劉邦の客分として遇せられ、寝室に出入りすることさえ許されるほど、劉邦の信任が厚かった。これが呂后には面白くない。

燕王になっていた盧綰は、自分と同じく劉氏以外で王となった韓信と彭越が殺されたのを見て、怖れをなして閉じこもった。「これはみな呂后の謀略である。いま主上には病んで国政を呂后に任せておられるが、呂后は婦人だから、事にかこつけて異姓の王や大功臣を殺すことに専念している」と。盧綰は、出かけると殺されるのが目に見えていたから病と称して出仕せず、ついに北方の遊牧民族たる匈奴のもとに走ったのである。

韓信の悲劇

話を韓信に戻そう。何といっても、呂后による粛清の極めつけである。

劉邦は天下をとった後、功臣の人物月旦をしたことがある。はかりごとを帷幄《いあく》（作戦本営）のなかにめぐらし勝利を千里の外に決することでは、自分は部下の張良に及ばない。国家を鎮め人民を撫し糧食を士卒に給する点では、自分は蕭何《しょうか》に及ばない。百万の軍をつらねて戦えば必ず勝つことでは、自分は韓信に及ばない。

行政能力に秀でた蕭何は軍事的天才の韓信を登用するように進言し、二人がともに劉邦に仕えたのだから、劉邦は本当に強運の人だった。蕭何は、天下争奪のためには韓信のように「天下第一の国士、比類なき人物」が必要だ、と献策したのである。それでは彼を将にしようと述べた劉邦に、蕭何は「将にしたのでは、信はきっと留まりますまい」という。すると劉邦は「さらば大将にしよう」と太っ腹なところを見せたのだ。

果たして、動乱期に趙の軍隊と戦ったとき、韓信は川をうしろに布陣した。いわゆる背水の陣である。趙軍をさんざんに破った韓信は、奇計の理由を聞かれるとこう答えた。まだ兵士たちを十二分に手なずけていなかったので、「烏合《うごう》の市人を駆り立てて戦わす(規律も統制もまだとれていない軍勢をいくさに駆り立てる)」には、かれらをわざと死地において必死に戦わせる必要があったのだ、と。

やがて韓信は、肥沃《ひよく》な大国斉をすべて平定すると、斉王となる野心をあらわにする。劉邦はさすがに怒るが、張良や陳平といった謀臣に注意されて思いとどまり、項羽を討たせるためにも韓信が斉王になるのを認めざるをえなかった。呂后はこのあたりから、韓信を容易ならざる人物とみて警戒しはじめたのだろう。また、その人気にも反感をもつようになったはずだ。実際に韓信の前には、天下三分の計を説く蒯通《かいとう》という策士が現れていたのである。

蒯通は韓信に向かって、強国斉に拠って燕や趙を従え、劉邦の漢や項羽の楚と天下を三分する計を説いた。そして、「天が与えるものを受け取らなければ、かえって罰をうけ、時機が熟したのに断行しなければ、かえって禍いを受ける」とも力説する。

すると韓信は、劉邦が自分を厚遇してくれており、利を追って義にそむくことができようかと、疑問を呈した。それは間違っています、と蒯通は言葉をはげました。天下にたぐいない親密さを誇った人間関係でも、毀《こわ》れることが多い。「うれいは多欲から生じ、人心はとかく予測しがたいからであります」。あなたが劉邦にいくら忠信をつくしても、二人は緊密にはなれず、争いの種は多いのです。劉邦があなたを危うくしないと考えるのは間違っている、と説得に努めたのだ。

蒯通の弁によれば、韓信の「功業は天下無二（世界に二つとないほど立派である）、智略は不世出（めったに世に現れないほどすぐれている）」ということになる。武勇や知略が主君を畏れさせるほどの偉人はその身が危うく、功業が天下を蓋《おお》うほどの者は主君にほめられないというのだ。

これほどの威力と功業を抱く者は、誰にも恐れはばかられるだけのことです。時機を見るのは事業の成否をはかる契機である以上、決断は理知の判断であり、疑惑は事業の阻害になります。知恵でよく承知していても、決然としておこなえないのは百事の禍根になります。兇猛な虎もためらうならば人を刺す蜂やさそりの危険に及ばないように、勇士も狐疑逡巡するなら凡人の決行には及びません。

機会は得がたく失いやすいものです。まことに今こそ機会なのですぞ。機会は二度とやって来ません。さあ、私の説を熟慮し決心してください。

功臣なればこそ

しかし、韓信は時機を逸した。劉邦が、功労の多い自分から王位を奪うことはよもやあるまいと過信し、蒯通の進言を聴かなかったのである。

果たして劉邦は、項羽を滅ぼすとすぐに韓信を襲って、その部隊を奪うことに成功した。精鋭をもぎとられた韓信はもはや劉邦の敵ではない。そして劉邦は彼を斉王から楚王に移した。凋落は一瀉千里にやってくる。韓信は、謀反しようと悩んだかと思えば劉邦に謁見しようとも迷い、会えば捕らえられるのではと逡巡する毎日をすごしたのである。

劉邦は見かけほど甘い男ではなかった。策をめぐらし韓信を虜にした後、自分を滅ぼしかねなかった男を相手に武将たちの才を品定めしたことがある。劉邦は、韓信にたずねたものである。

「わしなどは幾人の兵に将となることができようか」

「陛下は、せいぜい十万人に将となる程度でしょう」

「そなたはどうか」

「わたくしなら多ければ多いほど、よろしゅうございます」

するとと劉邦は、笑って問い返した。多ければ多いほどよいというなら、お前ほどの男が何故に俺の捕虜になったのか、と。韓信は悠揚せまらずに答えている。

「陛下は兵に将たることはできませんが、将に将たることができます。これこそ、わたしが陛下に虜にせられたゆえんであります」

しかも、肝心の切所になると劉邦は、創業の臣をも粛清できる冷酷さと決断力をもっていた。韓信追放劇に、呂后の悪知恵も嚙んでいたのは当然であろう。

「貧賤の交わりは忘るべからず。糟糠の妻は堂より下《くだ》さず」という言葉がある。後漢の創始者たる光武帝に宋弘という臣が述べたといわれる。「貧しい時の友をどうして忘れられましょう。苦労を共にしてきた古女房をどうして追い出すことができましょう」というわけだ。しかし劉邦は、権力を脅かす旧友を切り捨てるために、権力を確実に支えてくれる老妻を大事にしたのである。

王の地位から淮陰侯《わいいんこう》におとされた韓信に対して、劉邦は「ある人が公の謀反を密告したからである」と理由を述べたが、これは呂后のことでもあろうか。劉邦や呂后が自分の才能を恐れ嫉妬しているのを知って、韓信は病を口実に参朝しなかった。そして、ある人物をだきこんで呂后と皇太子を排除しようとしたが、陰謀はふとしたことから露顕する。

逆に韓信を欺いて拘束したのは、呂后と蕭何の周到な根まわしのせいであった。韓信を初めて劉邦に推薦したのが蕭何であってみれば、彼を断罪する役回りを蕭何が演じたのも奇縁というべきだろう。呂后に命じられ縛についた韓信は述べた。「婦女子に欺かれるにいたったのが残念だ」と。韓信は、土壇場で蒯通の献策を容れなかった己の優柔不断ぶりを後悔したことだろう。

司馬遷は、もし韓信が道を学んで謙虚に功を誇らず才能に慢心しなかったなら、漢に対する貢献は周（前十二世紀から十一世紀に出現した古代の王朝）の周公旦《しゅうこうたん》や太公望《たいこうぼう》ら補佐の臣にも比べられ、子々孫々ともに繁栄しただろうと語っている。しかし、周公らには呂后に匹敵する烈女はいなかった。司馬遷が呂后のすさまじい嫉妬と憎悪の念に触れようとしないのは、前漢の帝室への遠慮というものだろう。

楚王だった韓信は捕らわれたとき、ことわざの通りだったと述懐したことがある。「狡兎死して良狗烹《に》られ、高鳥尽きて良弓しまわれ、敵国破れて謀臣滅ぶ」と。すばしっこい兎がいなくなると、敏捷な犬も無用として殺され、高く飛ぶ鳥がいなくなると、良い弓は用なしになってしまわれる。敵対する国がなくなると忠臣も滅ぼされてしまうという韓信のあきらめである。これは、社業の発展やオーナー一族の繁栄とともに疎んじられる、創業このかた勲功第一だった古参社員の悲運にも通じるかもしれない。

しかし、オーナー一族の結束も永遠ではないように、呂后の得意も長く続かなかった。前一八〇年に彼女が死ぬとすぐに、王や侯が綺羅星のようにいた呂一族は、老若男女を問わずに殺されたからである。韓信はもって瞑《めい》すべきかもしれない。

第三章　熾烈なライヴァル関係

出世競争のなかで

森鷗外ほど、嫉妬に敏感だった男もいないだろう。明治の文壇で名声をかちえた鷗外は、軍医という変わった職業の世界で、いつも他人の視線を感じていた。それどころか帝国陸軍という官僚秩序の世界でも、必ず疎まれる存在であった。

兵科であればいざしらず、衛生部では中将にあたる軍医総監が極官であり、逆立ちしても大将にはなれなかった。軍医の世界では、官僚として陸軍省医務局長が最高のポストであり、まかりまちがっても教育総監（陸軍の学校教育の最高責任者）はおろか、本省の次官や軍務局長といった要職に抜擢されるはずもなかった。

鷗外は、ごく限られた数のポストをめぐって同期前後の人間がしのぎを削る苛酷な競争社会に生きていたのである。

陸軍に任官してから、同期の友人たちさえ同じポストを狙う競争相手と意識せざるをえなかった鷗外は、人からもねたまれたが、他人に対する嫉妬心も相当に旺盛であった。他人が自分の悪口を言っているのではと被害妄想に陥りがちな人は、鷗外の軌跡をたどると、まるで自分の意識過剰を見る思いがして気恥ずかしくなるはずだ。

鷗外は、人の噂や陰口をひどく気にする性分であった。世評に人一倍敏感であり、いつも自分が他人の悪罵や冷笑や攻撃にさらされている、と思いがちな性格だったのである。噂に平静でいられないタイプの人はいるものだ。鷗外の文学や医事の問題における戦闘的な姿勢や論争の激しさには、鷗外らしい根拠があったのである（大谷晃一『鷗外、屈辱に死す』）。

そして、鷗外の神経質なところは、他者からの批判にすぐ反応した点である。鷗外は、公然たる非難でなくても、「隠れた攻撃」にいつも注意を怠らなかった。

たしかに、鷗外は文壇でも陰湿な嫉妬を受けている。『伊沢蘭軒』のような校勘家（考証学者）の伝記を、一九一六（大正五）年六月から翌年九月まで『東京日日新聞』

と『大阪毎日新聞』に全三百七十一回にわたって長期連載すると、テーマの特殊性や退屈さにことよせて、鷗外の作品を「嘲罵」する投書が相次いだ。

投書の痛罵には、消極的な蔑視と積極的な嫉妬があったと鷗外はいう。朝日や読売や毎日といった大新聞の小説連載は、いまでも同業者のやっかみを招く華やかさをもっている。しかし、鷗外ほどの文豪の連載に一般読者が反感を抱くはずもない。嫉妬しているのは文壇の連中だと、鷗外は暗に言っているのだ。

松本清張は、鷗外のもつ嫉妬心を考える上で参考になる指摘をしていた。「これは鷗外の自負からである。と同時に、他から攻撃を受けているという意識が強く働いている。鷗外はセンシティヴであった。反駁癖もそのナーバスさからだ。これは一種の被害観念でもある」(『両像・森鷗外』)。

鷗外の過剰な被害意識は、いつも他人への反駁につながった。彼の内にひそむコンプレックスは、他人への度をこした反応を引き出しただけではない。鷗外の反駁は、誰かの成功や栄光を憎む嫉妬心に結びつくと、どう贔屓目《ひいきめ》に見ても、センシティヴとしかいいようのない反撃に変わりがちなのである。

恩を仇で返す

後述する小倉の第十二師団軍医部長への「左遷」問題をめぐっても、鷗外の反応は過剰なほどである。

この伏線は、そもそも陸軍に入った事情が尾を引いている。鷗外は一八八一（明治十四）年七月に東京大学医学部を卒業したが、同級のうち江口襄、賀古《かこ》鶴所《つるど》、菊池常三郎、小池正直、谷口謙はすぐに陸軍に入った。鷗外はドイツ留学を目指して教室に残ったのに、成績がふるわず八番だったために、文部省給費留学生になれなかった。

失意の鷗外を救ったのは小池である。彼は軍医本部次長の石黒忠悳《ただのり》に手紙を書き、鷗外の陸軍入りを推薦した。後には敵となる二人の引きで、鷗外は軍医副（中尉相当官）となったのだ。二人との関係を熟知する後知恵でいえば、その後の鷗外の処世に、歴史の皮肉という以上に、鷗外の嫌な面を感じる人もいることだろう。このように、八歳の年長とはいえ同期生の小池は、鷗外のドイツ留学にも道を開く役割を演じたといってもよいのではないか。

他方、鷗外が人の嫉妬や詐術に頭を悩ませ羨望や妬心を募らせるのも、ベルリン滞在の時から始まっている。とくに同期の谷口謙は嫉妬深い人間だったらしい。仲間の身持ちの悪さを上官に中傷し、帰国させる陰険さをどうやらもちあわせていた。競争相手をひとり蹴落としたのである。しかも、この上官にドイツ人の女性を紹介して内懐に飛びこんだというのだから徹底している。

鷗外も、勉強の進展をそねむ谷口の妨害にあった犠牲者である。谷口の工作によって、彼は医学研究を打ち切らざるをえず、ドイツ軍の部隊に入って軍医の実務を学ぶはめになった。学者肌であった鷗外としては、並の軍医なら誰でもできる隊付実務に不満たらたらで、谷口の陰険な画策に内心ふくむところがあったにちがいない。

それでも同期生で昇進競争のトップを走ったのは、鷗外と小池であった。一等軍医（大尉相当官）、ドイツ留学、二等軍医正（中少佐相当官）、軍医学校教官とほぼ前後して出世の階段を昇り、位階勲等も一緒に上がったのである。小池が八歳も年長で任官も六ヶ月早く、失意の鷗外を陸軍に引っ張ったことはすでに述べた。また、共同で研究や著作を公にしたほど、かつて二人は親密な関係にあり、ドイツからも手紙を交換しあった仲なのだ。

二人の友情に波紋が生じたのは、一八九四（明治二十七）年六月だったといわれる。たしかに、どれほど仲良く信頼感を互いに抱いていても、どこかで相争う宿命にある人間たちがいるものだ。鷗外と小池の仲はそうであった。最初に喧嘩をしかけたのは鷗外の方である。

鷗外はある医事雑誌で、自分の陸軍入りを推挽した小池と石黒の二人に、強烈なあてこすりをしたのだ。医学会のボスたちを批判しながら、その実は、軍医制度を整備した医学会の実力者石黒を諷する文章を寄せたのである。

軍務の敵を文学で

その前年、明治二十六年に石黒は医務局長を辞めることを決意し、一人はさんで小池を後任とするレールを敷いた。まもなく小池は医務局第一課長となって将来の局長を約束されたのに、鷗外は軍医学校長として外に出され、陸軍省の軍医中枢のラインからはずされたのである。

鷗外は、この種の人事を屈辱と理解するタイプの男である。鷗外の憤懣は、作品『舞姫』のなかですぐ露骨に吐露された。

官長はもと心のままに用ゐるべき器械をこそ作らんとしたりけめ。独立の思想を懐きて、人なみならぬ面もちしたる男をいかでか喜ぶべき。危きは余が当時の地位なりけり。

鷗外周辺の人間模様を知る人間ならば、だれが読んでも容易に理解できるあてこすりである。『舞姫』の「官長」は石黒に相違なく、その自在に動く「器械」とは小池であり、鷗外は「独立」の非凡な才幹というのだから、石黒や小池にとっては不快を通り越し、重い石をぐっと呑みこむ気分でもしたことだろう。

石黒は鷗外の才能を認めていた反面、軍医が文学活動をすることを苦々しく思う明治の軍人でもあった。

――文学作品に私怨を織り込むとは何と男らしくないことか。森は俺たちの推挽で陸軍に入ったのではないのか。いったい誰のおかげで栄達の道を歩んできたのか。よし、森にその考えがあるのならこちらにも覚悟がある。

石黒の高ぶった感情を忖度《そんたく》すれば、ざっとこんなところではないだろうか。

しかも鷗外は、身すぎ世すぎに自分が不利益をこうむる人事に不満があると、決まって評論や創作のなかで意趣返しをするのをためらわなかった。軍務や医務の一本線を歩む同僚たちからすれば、たまったものではない。これは狷介《けんかい》というのではないだろう。他人の栄達に異様に嫉妬深い性質《たち》なのである。鷗外が一時期出世コースから逸脱した責任は、本人にもあるのではないだろうか。

普通なら、同期とはいえ年長で就職でも世話になった小池には、多少の遠慮と謙譲の美徳があってもおかしくない。それができなかったのは鷗外の性格である。明治のエリートたちは、幕末の動乱から新時代を旧藩の輿望《よぼう》を担って生き抜いてきた。鷗外に限らず、エリートの矜持が他藩人との調整や和解を妨げたこともあったはずだ。

それでも小池の方は、和解の努力をしたようだ。同期のトップを走るような男は、そのくらいの気配りをもたねば他人に足元をさらわれてしまう。小池にはその種の危険を回避する本能があったのだろう。

ただ、それは心底から誠実なものとは限らない。いつの時代でも、挨拶を交わして別れると、すぐに背を向けて舌をペロッと出すことが見え見えの人間もいる。また、慇懃《いんぎん》をつくしながら、笑顔でライヴァルを蹴落とす機会をジッとうかがっている者もいただろう。しかし、競争の世界では悪意をたやすく悟られては成功しないのである。

小池は鷗外のもとをたびたび訪れる。これがポーズだけなのか誠意の発露なのかは、誰にも分からない。いまの局長はまもなくやめるから、自分と君と菊池の同期三人が軍医監（少将相当官）になり、ともに医務局を刷新していこう。まずは自分が局長になるがこれは料簡してくれたまえ、と鷗外に含みをもたせた。鷗外もよかろうと話を交わした、という見方も出されている（『鷗外、屈辱に死す』）。

人事権で徹底抗戦

しかし、結果は鷗外の期待をおおいに裏切った。

一八九八（明治三十一）年八月、小池が軍医監として医務局長になったのはまあよい。

しかし、その後の異動で軍医監に昇進したのは菊池と小野敦善であり、鷗外の名はどこにもなかった。鷗外は、近衛師団軍医部長兼軍医学校長となったが、階級は大佐相当の一等軍医正のままである。人事権をもつ小池とその背後にいる石黒の悪意を、ひしひしと感じたにちがいない。

小池らへの憤怒と菊池らへの嫉妬を抑えられないのが、鷗外の性分なのである。新聞連載中の『智慧袋』のなかで、よせばよいのに「自分は上司に認められず同輩にも受け入れられず、才能は自分よりも劣る者が上に立っている」とまでやってしまった。石黒と小池は、ここまで言うのかと驚いたことだろう。

たしかに鷗外にはフェアでないところが多々ある。公器を使って私怨をはらすといって悪ければ、自分の一方的な被害意識や妬心を虚構やエッセイに託して語る遣り口は、生涯変わらなかった。小池たちは正面きって抗議もできないし、人事の真相を開陳するわけにもいかない。そうすれば、登場人物のモデルが自分だと認めてしまうことになるからだ。ここが文士の強みであり、役人の弱みであることは今でも変わらない。反論もできず、さりとて世に理解を求めることもできないのである。

こうなると、鷗外の舌鋒をかわすために、彼を懲《こ》らしめるにはどうすればよいのかと脳漿《のうしょう》をしぼるのも当然であろう。官僚の世界には、人事と業務命令という切り札がある。あとは鷗外を、自然に辞任へと追いこむ道筋を考えればよいのだ。

一八九九（明治三十二）年六月、鷗外は第十二師団軍医部長を命じられた。東京の近衛師団から小倉の二桁番号の格下師団への転勤は、どう理由をつけても、まずは「左遷」といってよい。日露戦争を控えて大陸に近い小倉は東京や大阪と並ぶ要地であり、戦争を控えた重点人事だという考えもある。しかし、かなり無理のある解釈であろう。

少なくとも鷗外は重点人事だとは考えなかった。人事をする側は何とでも美辞を重ねることもできよう。しかし、鷗外の心中において「左遷」されたという被害者意識が強かったことこそ大事なのである。

——嫌なら陸軍を去ればよい。好きな文芸活動に専念して、軍医の人事にいちいち不満をもたねばよいのだ。

近衛師団から同じ東京の第一師団への転任を期待した鷗外に肩すかしをくらわせ、人事権を発揮した小池らの心情が透けて見えるようではないか。陸軍省の秩序をたてに、鷗外の性癖を知り抜いていた男たちが、自然に軍を辞めさせようと手のこんだ嫌がらせをしたというべきだろう。

しかし、さすがに鷗外にも敵の手口が見えているから、その手にたやすく乗ろうとしない。愛読書だったクラウゼヴィッツの『戦争論』にいう「弱国の受動的抵抗」のやり方を学びながら、小池が局長をやめるか一派の勢力が衰える日をじっと待つことにしたのだ。こうして、一九〇二（明治三十五）年三月に第一師団軍医部長として東帰することに成功したのである。

それにしても、反感を内に秘めた鷗外の粘りと抵抗力の強さには、つくづく感心させられないだろうか。

天は二物を与えたけれど

石黒や小池に限らず、鷗外を嫌った人びとは、公務に専念せずに私事をしているという批判を繰り返した。

鷗外にいわせるなら、公務には全力を投入しており、休暇以外に役所に出ない日はなかった。物書きをしているのは、公務の終わった後の余暇や余力を使っている時だけだ。しかし反対者はそう考えない。余力があれば公務に回すべきだと、くどいのである。鷗外にしてみれば、公務がはねた後、宴席や料亭に出かけるのはどうなのかと反駁もしたくなる。

鷗外が憎んだのは、あれは小説家だから陸軍の重職につけられないという中傷である。ライヴァルを蹴落とすときの屁理屈は何とでもつく。文学者としての名声、本俸に匹敵するほどの副収入、交遊範囲の広さ、和漢洋の教養と外国語能力の高さ。いずれも同僚たちには、やっかみと癪《しゃく》の種にほかならない。しかし、あえて嫉妬深い同僚の立場になってみれば、かれらの腹の内が分からなくもない。

——森君、文芸や学術でも一家をなしている君なのだから、ここは後進に道を譲ってくれないだろうか。失敬ながら職を辞しても生活には困らないだろう、君。師団や医務局にポストが少ないのは知っての通りだ。人事のやりくりが面倒なのだよ。ここは万事呑み込んでくれないかね。一つたのむよ。

こうした会話も、実際に交わされたにちがいない。しかし鷗外は、医学者でもある軍人官僚以外の自分の姿を想像できないたちだった。芥川竜之介ではないが、「畢竟鷗外先生は軍服に剣を下げた希臘《ギリシア》人である」（『侏儒の言葉』）としか言いようがないのである。彼は、本務と文学との関係についても独特な考えをもっていた。

小池や石黒からすれば、鷗外の文学がすべて不愉快だったわけではない。たまらないのは、その内容のきつさであった。まさに、「第三者には全く分からないが、小池らには立ちどころに読み取れる。これがまた、鷗外の方法である」（『鷗外、屈辱に死す』）といえよう。あるエッセイに、「友の変じて敵となるものあり。是れ敵の最も恐るべきものなり」と正面から書かれては、小池も鷗外と和解しようという気分にはならなかっただろう。

一九〇四（明治三十七）年二月に日露戦争が起こると、鷗外は第二軍の軍医部長として出征するが、小池の用心深さもますます旺盛であった。医務局長を兼ねたまま野戦衛生長官となり、総兵站部《そうへいたん》ができると自ら総軍医部長となって、鷗外が現地前線の最高責任者になることを邪魔したのである。

戦後の論功行賞でも、小池はわざと鷗外に屈辱を味わわせようと、あの手この手で鷗外の功績順位を下におき疎んじた。そのあげくに自分は男爵となったのに、鷗外からは華族となる根拠をあらかじめ奪っておく周到さにも、警戒心を発揮したのだ。

執念の結晶

ここで鷗外も勝負に出た。しかも権道である。

それは、明治陸軍の大立者、山県有朋への接近である。常磐会という歌詠みの集まりに出席し、長州出身の山県の機嫌をとりながら、山県閥の圧力を借りて石黒と小池の邪《じゃ》慳《けん》に備えようとしたのである。石黒や小池ごときは、山県の前に出るなら風のままに飛び散る塵でしかない。

やがて鷗外は、山県との縁もあって総理大臣や陸軍大臣も押さえることになった。在任九年を越えた小池軍務局長は不承不承、鷗外を後任として認めざるをえなくなる。しかも鷗外は、小池の人事に関わる要望を全部はねつけた。まさに、九年の屈辱を一挙にはらす思いがしたことであろう。鷗外の嫉妬と執念の結晶である。

鷗外の方法は誉められたことではない。部外の権門に近づいて、部内の地位を固めながら出世をはかろうというのだから、現代人の感覚でも禁じ手といってもよい。こうした遣り方は、必ず反発と波紋をあちらこちらに招いた。私は、これこそ鷗外が華族になれなかった大きな原因だと考えている。

人の評判を気にするあまり、あまりにも自分で計りすぎるのが鷗外の悪いところである。山県の力が衰えたことや、その死とも無縁ではなかったろうが、人びとのねたみや嫌悪感を刺激しすぎると、反感どころか積極的な妨害を招くことになる。人の嫉妬を避けようとすれば、鷗外に必要だったのは、沈黙だったはずである。

鷗外の最終的な挫折は、本務で昇進しようとする人間にとって、ときに余技や才能が邪魔になることを示している。また、権門への出入りもよいことばかりではない。小池は実直に軍務をつとめた。陸軍の軍医官僚としてはこれが当然なのである。鷗外のように文学的才能があっても、本務での昇進や評価にカウントされるはずもないのだ。また、常識をこえて余技の才が考課されては不自然なのである。それが官僚機構というものなのだ。

小倉時代の『鷗外漁史とは誰ぞ』には、鷗外の不平不満と愚痴が渦巻いている。医者として付き合う人間には、あれは小説家だから共に医学を語るに足らないと言われ、役所の関係で相対する人には、あれは小説家だから重大事を託することはできないと言われて、自分の「進歩」を妨害し成功を挫《くじ》かれてきたというのだ。

足るを知らなかった男の挫折

鷗外を見ていると、自我と自負心のかたまりという気がする。

たしかに鷗外は、陸軍衛生での貢献に加えて、文学の世界でも金字塔を打ち立てた。これは過褒ではないだろう。しかし、両方の才能の豊かさを評価するのは、鷗外なのだろうか、それとも他人なのだろうか。他人による評価のベクトルこそ大事なのである。鷗外は自分で語りすぎるのである。

嫉妬深いのは小池たちだけではない。文事にふけって官事をおろそかにすると非難する声は、鷗外の一生につきまとった。夜半と休日に筆をとり、本務に精励していたとしても、嫉妬はやまない。

——本務に手を抜いて勤務中でも小説の筋を考えているのだから気楽なものサ。あのくらいの筋書きだったら、少し仕事を怠ければ吾輩にも書けるぞ。

この種のささやきは、ここかしこから聞こえてきたにちがいない。

他人は、遊興や飲酒などで時間を無為にすごしても文句を言われない。日本の組織では、上司や同僚との付き合いや、人との和こそ最優先されるのだ。そこに群れない自立した人間は、成功していればいるほど、ねたみやそねみの対象になる。それだけでなく、あれこれ足を引っ張られ、同輩や後輩に席を譲る口実をことさらに捜される。

鷗外は、自分の反発をあらわにする必要は少しもなかったのだ。むしろ上官や同輩の妬心をそそることこそ、自戒すべきだったのである。

いつの時代でも上司や上官というものは、誰であっても下の者がおのれを超えることを面白く思わない。陰口をたたく人物は器が小さいといってしまえばそれまでのことだ。しかし、世間や組織に圧倒的に多いのは、自分の能力にそれなりに自信をもつ人なのである。どの時代でも、役所や会社である地位にたどりついた人びとは、自分がいなければ組織は成り立たないと秘かに自負するはずである。そして、かれらはひとたび職を得ると、自分の地位を他人に脅かされまいと必死になるのだ。

これは、エリート集団であるか、並の水準の組織であるかを問わない。前者のなかにもそれなりの愚人が必ずいるからだ。

鷗外は、翹望《ぎょうぼう》していたとおぼしき男爵にはなれなかった。最後の最後の瞬間に挫折を痛感したのである。「余ハ石見人森林太郎トシテ死セント欲ス」という孤独な遺書の文言は、わざとらしいだけでない。欲しかったものが得られなかった無念さを感じる反面、どこか物欲しげな臭いもつきまとう。

鷗外に男爵が授けられなかったのは、彼を嫉妬し讒言《ざんげん》した敵がいかに多かったかを、間接的に証明していないだろうか。いや、それ以上に鷗外には、小人物たちの性状が世間を支配する現実を軽視しすぎるきらいがあった。

鷗外は、ワイマール公国の宰相にして文芸家だったゲーテや、同郷津和野の先輩で医学から哲学まで幅広い領域で成功を収めた西周《あまね》を、理想にしていたといわれる。鷗外は悲運や挫折をのりこえて、よくぞここまでたどり着いたと自足すべきだったのである。森鷗外に足りないのは、嫉妬される存在として堂々と沈黙する勇気なのであった。

しまう。

器の違い

鷗外の自信を見ていると、つい古代ローマの伝記作家プルタルコスの言を思い出してしまう。
それは、著述家にせよ弁論家にせよ、俺には知慧があると称する者に世間がうんざりするというものであった。しかも、そうした人間は他人が空腹の時にあえて自分の食事を見せつけて、相手の空腹を刺激しかねない。同じように、名誉欲を押さえられないタイプの人は、身近の人がほめられると妬みが燃え上がることになるとプルタルコスは述べていた。

徳川慶喜の大政奉還（一八六七）直後に出された伊東甲子太郎《きねたろう》の建言書を読むと（『コンパクト版新選組史料集』）、プルタルコスのいう嫉妬の炎《ほむら》が近藤勇の心中にも燃え立ったのではないかと思えてならない。

ポイントは、双手《もろて》をあげて大政奉還を歓迎する伊東と、大政奉還を「君辱臣死」（君《きみ》辱《はずかし》めらるれば臣死《しんし》す）とばかり幕府優位に情勢の挽回をはかろうとした近藤の、政治感覚の違いだけではなかった。常陸（茨城）出身の伊東は、北辰一刀流の剣客であると同時に水戸学にも通じていた。新選組では文学師範を務めたこともあるから、三多摩で野育ちの近藤とは肌合いを異にしていたといってもよい。

昨日まで新選組の局長と参謀という重職にあって幕末情勢の変転に対応してきた二人は、攘夷論以外に言葉を必要としない限りは互いに協力もできたが、新たな政治ヴィジョンを言葉で描く段になって相当な距離を感じたに違いない。とくに近藤勇は、伊東甲子太郎の弁舌の才にも優る構想力と文章力に対して、物狂おしい嫉妬を感じたのではないだろうか。

それほど伊東の建言書は堂々としており、よそからの借り物でない自信に満ちあふれているのだ。日本史家宮地正人は、建言書の内容をわかりやすく紹介しているので(『歴史のなかの新選組』)、そのまま引用してみたい。

一、大政奉還は万世不抜の一大美事であること。
二、正義純良の公卿方を役職に配置すべきこと。
三、海内の上下一つに和して、同心協力の御基本御決定が急務であること。

四、摂海の開港は中止すべきこと、この措置なくては王政復古の甲斐なく、天下忠勇の士民失望仕るべきこと。
五、五畿内一円は御領と定められ、山城・大和は天朝・宮・摂家・公卿に配当し、摂・河・泉の三国を以て海陸軍を取立つべきこと。
六、毛利家の扱いを復旧し、これまで通り誠忠の尽力致すべき旨を御沙汰ありたきこと。
七、太宰府の五卿も同様の御沙汰ありたきこと。
八、五畿内にては洋風に等しき風俗厳禁のこと。
九、天下の公儀（議）を尽すべきこと。
一〇、五畿内の外、攘夷開鎖の儀は、衆議に依り決すべきこと、大開国大強国の国是肝要のこと。
一一、国民皆兵の方針を定め、出家・沙門その他の遊民に至るまで、残らず皆兵とすべきこと。
一二、海陸軍と御親兵の統御は堂上公卿にておこなうべきこと。

一見して堂々たる主張といえよう。素朴な形とはいえ、伊東が新国家や国民皆兵の構想を描いている点こそ重要なのである。近藤はついに、こうしたヴィジョンを表せないままに終わったのだ。

旧友抹殺の真相

「大開国」という言葉がある。最近の研究によれば、「大開国」とは欧米のアジア侵略に対抗して力をもちながら開国するという意味であり、徳川幕府の「屈服的開国」の論と異質だとされている。

しかも伊東の論は、明治維新研究の先達松浦玲も説いているように、独特な公卿政権論になっている。それは、近藤が期待した幕府への政権委任論でなく、かといって薩長中心の政権構想でもない。また、大名による全国会議の召集とも異質な考えであった。伊東のいう「公議」とは大名や武士の合議でなく、朝廷と公卿による政治なのだ。薩長中心でない公卿中心の王政復古は、五畿内を直轄領としながら天下に号令するという主張をとっても、あまり無理のない政治構想といえよう。

ただし、公卿に現実政治を動かす力があるのかという疑問がすぐにわく。そこで、元新選組で現に御陵衛士の伊東甲子太郎以下の、「もと浪士」や現浪士を大いに活用せよという話になるというのだ。建言書に浪士云々とは書かれていないが、伊東の壮大な野望を下敷きにした公卿政権論は、最初から朝廷や公卿をないがしろにする薩長の政権構想とは趣が違うのである。

近藤勇は、伊東甲子太郎の壮大な構想を知ったとき、敵《かな》わぬと思っただろうか。それとも「何糞！」と叫んだであろうか。史料は黙して語らない。

もともと近藤には、同志を部下や家臣と見なす悪いクセがあったようだ。京都にいたときも、永倉新八、斎藤一、原田左之助など副長助勤（隊長）クラスを家来のように扱い、物議をかもしたこともある。永倉らの活躍が気にいらないのだ。

近藤勇は江戸に帰っても、永倉や原田に家臣にならないと行動を共にしないと色をなした。要するに同志への嫉妬なのである。「増長することなく組織の長にふさわしい円満な性格になるべく努めてさえいれば」伊東の分離独立や永倉らの訣別もなかった、とは至言である（中村彰彦『名将がいて、愚者がいた』）。

いずれにせよ近藤の胸中深くには、自ら江戸に東帰しスカウトしてきた人物だけに、野望に燃えた伊東の才知にねたみも兆したのだろう。伊東の方にも、新選組という組織を踏み台に自分の経綸を実現しようという野心があった。公の政治対立や派閥の憎悪だけでなく私の嫉妬心などを考えに入れないと、近藤による伊東の卑怯な斬殺も理解できないかもしれない。

近藤は伊東を妾宅に招き酒肴の饗応で油断させ、酩酊した伊東の帰途、闇討ちした。もっと無惨なのは、伊東の遺体引き取りでおびき出した仲間たち（高台寺党と通称）を油小路七条の辻で待ち伏せして、かなりの数を暗殺したやり口である。

憎悪と嫉妬が結びつくと、人間は相当な奸智をめぐらすものなのだ。

第四章　主人の恩寵がもたらすもの

殉死をめぐる悲劇

自分の任用したものは、年来それぐ〵の職分を尽して来るうちに、人の怨《うらみ》をも買つてゐよう。少くも娼嫉《そねみ》の的《まと》になつてゐるには違ひない。さうして見れば、強《し》いて彼等にながらへてゐろと云ふのは、通達した考《かんがへ》ではないかも知れない。殉死を許して遣《や》つたのは慈悲であつたかも知れない。かう思つて忠利は多少の慰藉《ゐしや》を得たやうな心持《こゝろもち》になつた。

これは、森鷗外が著した『阿部一族』のなかで、臨終の熊本藩主・細川越中守忠利が述懐するくだりである。

たしかに、絶対的な人事権者に依怙《えこ》贔屓《ひいき》され重用された人物は、傍輩（同僚）のねたみやそねみを覚悟しなくてはならない。殉死とは、自害によって人びとの嫉妬を解消し、子孫の務めに障害が起きないための武士の智恵だったのかもしれない。殉死は「慈悲」だという忠利のつぶやきは、それが人間関係のカタルシス（浄化）として作用することを物語っているといえよう。

しかし、殉死には主君の許可がいる。いかに寵愛を受けていた者でも追腹《おいばら》の許しが出ないこともある。肥後熊本藩で千百石余の大身だった阿部弥一右衛門通信《みちのぶ》も、その一人であった。悲劇の顚末《てんまつ》は、フジテレビ系で放映された深作欣二監督の『阿部一族』（一九九五）でもよく描かれていたので、御存知の方も多いだろう。

阿部弥一右衛門は、主君の厳命により腹を切れなかった。君命とはいえ生きながらえていると、人びとの言い分には嫌味も混じってくる。やがて、やっかみには憎悪も結びつく。弥一右衛門の子五人のうち三人までは、軍功によってそれぞれ別に二百石をもらっていた。阿部一族はあわせて千五百石以上の禄高をもらい、忠利から破格の引き立てを受けていた事実は間違いない。

しかし忠利は、殉死を願い出た弥一右衛門に対して、嗣子の光尚に奉公するように命じたのであった。弥一右衛門は自死もままならない。ここに悲劇が胚胎《はいたい》したのである。

お許しの無いのを幸いに生きているという嫌味はともかく、「阿部の腹の皮は人とは違ふと見える、瓢箪《へうたん》に油でも塗《ぬ》つて切れば好いに」とまで言われては、武士たる者は意地でも腹を切らざるをえなくなる。

弥一右衛門の死後、跡目を相続した権兵衛は知行をそのまま継ぐことが許されず、弟らに細かく割いて配分された。一族の知行を合わせると前に変わったことはないが、本家の権兵衛は小身者になったのである。こうした差別は、すぐ家中に伝染する。次第に傍輩に疎んぜられた権兵衛は、忠利一周忌の法要の席でもとどりを押し切って位牌の前に供えた。珍事というほかないが、光尚からすれば面当てがましく不快な所行である。権兵衛は縛首になった。

たしかに、権兵衛の振る舞いは不埒《ふらち》であるが、阿部一族からすれば切腹でなく、盗賊のように縛首の刑を受けたのは面目を失うものだった。このうえは「一族討手を引き受けて、共に死ぬる外は無いと、一人《いちにん》の異議を称へるものも無く決した」と鷗外は叙述する。

討手として赴く方でも、複雑な思いにかられる人間がいた。阿部屋敷の表門に向かった竹内数馬《たけのうちかずま》がそうである。

彼は、光尚の寵臣林外記《げき》の嫉妬にあい、討死《うちじに》を覚悟して仕事におもむいたのだ。外記は、「数馬は御先代が出格《しゅつかく》のお取立《とりたて》をなされたものぢや。御恩報《ごおんはう》じにあれをお遣《や》りなされい」とうそぶいた。すると、外記の魂胆と嫉妬を見抜いた数馬は、「ふん」と言い、「好いわ。討死するまでの事ぢや」と眉間《みけん》に皺《しわ》を寄せて言い放ったと、鷗外は書き留めている。

外記は、先代の引き立てを受けたくせに殉死しなかった数馬を、命懸けの場所に遣ろうというのだ。これも数馬に対する外記の嫉妬心の陰険な発露といえよう。こうまで言われると、武士は命を惜しむことはできない。阿部一族は老若男女を問わずみな死に絶え、竹内数馬も討死してしまった。

『阿部一族』に武士の妬心の影を感じるのは、作者の鷗外が嫉妬に人一倍敏感だったせいかもしれない。

恩寵が仇となる

実業界でも、パトロンや権力者が失脚あるいは死去すると、その引きを受けていた経営者や社員は周囲の「嫉憤」（憤恨）や「嫉怒」（ねたみいかること）で引きずりおろされることも珍しくない。

たとえば、明治初年に洋書や洋品の販売を営む丸善（最初は丸屋）を起こした中村道太は、横浜正金銀行（東京三菱銀行の前身）の創業者でもある。中村の業績は、日本の知と金融の歴史に燦然《さんぜん》たる輝きを放っている。しかし、中村は時の参議で伊藤博文らと対立した大隈重信の強い引きを受けていたために、明治十四年の政変で大隈が下野すると、横浜正金からいびり出されてしまった（『近代日本の異能・偉才　実業家100人』）。

これは、星製薬や星薬科大学の土台をつくった星一《はじめ》（ショートショートの小説家星新一の実父）の例と似ている。星は、同業者のねたみによって、台湾総督などを務めたパトロン・後藤新平の失脚後に、加藤高明首相はじめ三菱財閥や憲政会の不当な干渉で事業をつぶされたのだ。後藤は三井財閥に近く、政友会につながる政治家と目されたからである。

コロンビア大学で経済学と統計学を修めた星は、モルヒネの精製を中心に事業を拡大し世界各地に名を広めた。星は、その積極的な広告宣伝によって、一時は「日本の製薬王」とまでいわれた。しかし、星のユニークな自由主義経営哲学は、その飛躍的な成功をねたむ同業者や保身第一の官僚や検事の反感を買い、執拗な攻撃を受けるはめになった。星新一は、父に加えられた陰湿な攻撃について素描している。

星の隆盛を見て、自分もモルヒネを製造したくてならない同業者の羨望と嫉妬。また、役人の抱いている権力欲と復讐心。この二つは容易に消滅しないどころか、さらに緊密に結びついて策をねり、強引きわまる形でたくらみを進めていたのである。

（『人民は弱し官吏は強し』）

小粒なライヴァルたちは、独立自尊の経営者たる中村や星と政界との関係を不必要に誇張して、二人を失脚に追いやったのだ。

現代でもワンマンのオーナー経営の会社では鶴の一声で、八艘《はっそう》飛びや六段跳びなどと俗称される、末席役員の社長就任が決まることも多い。松下幸之助が健在だったときに松下電器の社長になった山下俊彦は、取締役二十六人中、二十五番目の平取だったことも記憶に新しい。

当然こうした人物は、先任の古参重役たちから強い反感をもたれる。しかし、贔屓や抜擢を押し通せるほどの力量とカリスマ性をもつ絶対的な権力者の意思があるなら、先輩や同僚のそねみもかすんでしまうのである。それどころか、後輩に対するジメジメした嫉妬ややっかみは、一喝されるか冷笑で無視されるかのいずれかであろう。

非主流者という共通点

ヒトラーとロンメル元帥との関係をやっかむ将軍たちの例は興味深い。ロンメルは、第二次大戦中に北アフリカ戦線で戦車を自由自在に使い「砂漠のキツネ」とあだ名されたドイツの軍人である。

ロンメルはエジプトを落とし、カフカース方面から来る友軍とイラクで合流しイギリスの心臓部インドに圧力をかける壮大な青写真を描いていた。イギリスは、エル＝アラメインの戦いでモンゴメリー将軍が、補給線の延びきったロンメルを撃退するまできりきり舞いさせられた。

ロンメルは性格に欠点があり、ことのほか不愉快な人物として際立った存在だ。けれども誰もこの人物と衝突したがらない。（中略）一番高いところにいる御仁が支援しているためだ。

（グイド・クノップ『ヒトラーの戦士たち』）

これは、ドイツ陸軍の参謀総長フランツ・ハルダーが一九四一年七月六日の日記に、いまいましげに書き記した言葉である。羨望とともに嫉妬の臭いがどことなくただよってくる。その「御仁」とは、いうまでもなくヒトラーを指しているからだ。

実際に、最初の出会いから、ヒトラーとロンメルの二人はうまがあったようだ。画家修業に挫折した「元ボヘミアの伍長」と、ドイツ南部の教養市民層に生まれた猪首《いくび》の将軍は、戦場の把握能力にすぐれ、どれほど出世しても兵士の現場感覚を失わなかった。かれらは、プロイセンのユンカー（エルベ川以東の地主貴族）のエリートから成る国防軍主流の堅苦しさと無縁だったのである。

ドイツ帝国の遺風をただよわせる貴族肌の将軍たちの前では、二人ともくつろげなかった。他方、二人のしっくりとした関係は軍上層部のエリートの間ですぐに注目され、やがてロンメルの急速な昇進とともに、将軍は先任者たちの警戒の的となった。

ヒトラーによるロンメルの引き立ては、三世紀の中国、呉の孫権と陸遜との関係を思わせる。陸遜は、敵にさえ「孫子や呉子にも劣らぬ兵法家」と畏敬された戦略家であったが、孫権の意を体して荊州《けいしゅう》という要地を押さえ、蜀の豪傑・関羽を捕えた。これによって、時代は本格的な三国鼎立《ていりつ》に向かって動いたのである。

孫権は三世紀の新情勢に対応するために、陸遜を大都督・右護軍・鎮西将軍に任命した。さしずめ現代のアメリカなら、統合参謀本部議長と中央軍司令官（中東担当）とNATO軍司令官を兼ねるようなものだろうか。しかし、赤壁《せきへき》の戦いでも地味な役割しか演じなかった陸遜の出世に、軍歴の古い将軍たちの間には嫉妬と不満が渦を巻いた。

それを抑えたのは孫権の絶対意思である。陸遜には、命令不服従の者を斬に処せる大権さえ与えられた。それでも嫉妬心は悪性の草木のように地中深く根を張り、それを除くのは容易でなかった。作戦のたびに古参の将軍たちは反感をあらわにしたが、陸遜の実力が不満を抑えつけたのである。

破格の昇進

ヒトラーに抜擢されたロンメルも、参謀本部で正規の教育を受けない野戦指揮官であったが、机上よりも戦場で状況の変化に対応する戦術を臨機応変に組み立てた天才である。一九三九年にフランスとの戦争がはじまると、いつも独断で勝利につながる決定をくだした。

彼の素行は、装甲師団の新しい運用術に道を開いたとはいえ、繰り返し上官の不興を買ったのである。麾下《きか》の兵士からは尊敬されても、師団や軍団単位の大規模兵力をコンサートよろしくタクトをふるはずの上級指揮官からは、大作戦に齟齬《そご》をきたすと反発を受けた。ハルダー参謀総長はロンメルを「気が狂った将軍」とさえ痛罵したほどだ。

しかし、何につけても戦果は最大の成功のあかしである。

ロンメルは、自分の軍事的天分を引き出してくれる人物を、国防軍の先任者でなくナチス党の独裁者に見出すことになった。こうして、北アフリカ戦線の砂漠で危地に陥ったイタリア軍を救出する任務を受けたのは、貴族出身の優雅な将軍でなく、軍上層部の閉鎖的サークルから疎外された「はったり将軍」だったのである。

ロンメルは陸軍中将に任命されると、北アフリカではすぐに英軍に大きな打撃を与えて、またたくまに大将となる。いまや「装甲兵大将」として、独伊両軍の十個師団を指揮する身となったのだ。それでもロンメルは、いつも戦車や偵察飛行機に乗って最前線で戦局を指導し、気がつけば敵陣の真っ只中に迷いこんでいた。

ヒトラーの祝辞と寵愛は、ロンメルの敵対者たちの嫉妬心を刺激した。実際にロンメルは、三年間のうちに五回の昇進に輝くという、前代未聞の快挙をなしとげる。つい先日、国防軍最年少の上級大将になったばかりのロンメルは、一九四二年のトブルク作戦の成功によって元帥となり、最高の名誉、剣付柏葉騎士十字章を授与（まもなくダイアモンド章も追加）されたのだ。

日本の陸軍はドイツから多くを学びながら、信賞必罰や戦時昇進といった能力主義をついに実現することができなかった。日本では、その分だけ組織内部にロンメルのような異才を生まず、先輩たちとの間に激しい軋轢を生まなかったともいえようが。

型破りなスターへの評価

驚くべきことに、ロンメルの才能への畏怖と嫉妬は、敵からも寄せられた。ドイツ軍の手に落ちた英軍のオーキンレック将軍の命令書は、いまや伝説にさえなっている。

わが部隊がロンメルのことを過剰に話題にすることで、われらの友人である彼が、われらにとって魔術師か妖怪のようなものになってしまう恐れがあきらかにある。リビアにいる敵軍をさすときには、『ロンメル』という言葉をかならずしも使用しないということが、大いに重要である。この件は心理的観点からきわめて有意義である。

追伸　わたしはロンメルに嫉妬しているわけではない。（『ヒトラーの戦士たち』）

この追伸がすべてを語っている。嫉妬とないまぜになった反感は、型にはまらないロンメルを嫌ったドイツの上官たちの間で、沸騰するほどに高まっていた。軍には独自の命令系統や指揮秩序というものがある。上下の関係やシステムを無視して全能の命令権者ヒトラーと直接に結びつくロンメルは、官僚機構としての国防軍で嫌われたのも当然だろう。

これほど急速な軍歴と階級の上昇をなしとげた将軍、華麗な人気を国民の間で誇ったスター、そして無制限の権力をもつ独裁者による引き立てに恵まれた者は、人生において無事ですむはずもなかった。ロンメルのように人事権者から破格の寵愛を受けた者は、組織と規律を破壊する異端として悪意にさらされたからである。

ロンメルにもう少し余裕があったなら、適度の評価に満足しながら、ゆきすぎた人気が嫉妬の種となるばかりでなく、身を破滅させることを皮膚感覚として諒解していたかもしれない。ロンメルが理解すべきだったのは、トロイア遠征から凱旋したアガメムノーンが妃クリュタイメーストラーに向かって語った言葉であろう。

しかし讃辞は、
分相応に、そしてそれも他人から寄せられる栄誉でなくてはならぬ。
その先のことも、女の気持ちにまかせて、華美にすぎる出迎えを
いたしてはならぬ、また、異邦の人のごとくに、
足もとにひれ伏して、大袈裟な口上を吐くべきではない。
いわんや、身に装う布を敷きつめて、わが道に妬みをまねくことなどは、
全くの無用である。そのような栄誉は、神々にささげよ。　（『アガメムノーン』）

ロンメルの自由な発想は、軍人貴族ならざる中産階級の家系に由来する才能からきていた。しかしドイツ国防軍のように、代々の貴族階級が将校団の中核を形成する閉鎖的サークルでは、ユンカーでもなければ参謀教育も受けなかった将軍は「もぐり」にすぎなかった。実績よりも毛並み、能力よりも経歴、破天荒な天才よりも堅実な秀才であることが要求されたのである。

貴族たちのロンメル評価は、「病的な野心」をもち「性格上の欠点」を覆い隠せない成り上がり、というものだった。「ボヘミアの伍長」が恣意《しい》で任命した元帥の風下に立つ将軍たちにとって、ロンメルは「典型的なナチの子分」にほかならなかった。

一転、名誉ある自決へ

嫉妬と悪意は手厳しい評判をつくりだす。そして世間では、良い評判でなく悪い風評こそ長続きするのである。そのうえロンメルは、自らの天才的な用兵を妨げた責任者たちに厳しすぎた。

補給や空中援護にあたる首脳たちや参謀本部の作戦責任者たちは、いずれもロンメルの批判で立腹した。要するにロンメルは、空軍の統率者でナチのナンバー2だったゲーリングから陸軍最高司令部の先輩将官にいたるまで、すべての人物に強い反感を植え付けたのである。

ヒトラーの神がかりともいうべき戦争指導は、ツボにはまったときにはフランスを屈服させ独ソ戦初期の快進撃をもたらすなど、多くの成果をあげた。

しかし、独ソそれぞれ百万の兵力を集中したスターリングラードの戦い（一九四二・七〜四三・二）など、戦局や戦力を無視した徹底抗戦はドイツ軍を消耗させ、一部の将軍たちに戦争の早期終結とヒトラー暗殺を計画させることになった。国防軍の最高幹部だった軍人たちの陰謀が摘発されると、ヒトラーの秘密警察ゲシュタポは裏切者たちを拘束、すさまじい拷問にかけて処刑した。

連合軍のフランス上陸を阻止する任にあたっていたロンメルは、暗殺の陰謀に直接関わったことはないらしい。しかし、作戦のプロとしてのロンメルは、戦争の展望について貴族出身の将軍たちと同じく、あるいはそれ以上にヒトラーの思いつきに懐疑的になっていた。ロンメルは、愛する祖国ドイツを消滅させかねないヒトラーの戦争指導に、疑問を呈したこともあったらしい。

ロンメルは分析と直感によってドイツの敗戦を予見し、ヒトラーは信念と狂信によってドイツの逆転をはかろうとした。あれほど信頼関係のあった二人の間にも隙間風がふいたのである。暗殺を逃れたヒトラーに必要だったのは、「最終的勝利」に対する信念の絶対的な共有であった。信念をもたなければ、ロンメルでさえ早晩死を「賜《たまわ》る」のは必至であった。

しかし、ロンメルはドイツ国民の英雄であり、その刑死はヒトラーにとっても打撃となるはずだった。家族にも犠牲を出しながら刑死するのか、それとも国葬に値する名誉ある自決を選ぶのか。選択はロンメルに委ねられた。これは悲劇である。「名誉ある自決」は、日本の殉死と同じようにカタルシスの意味をもつことになった。

しかしロンメルは自決によって、ヒトラーに重用された「ナチの子分」としてニュルンベルク裁判で告発される屈辱から逃れることができた。また、ゲシュタポの拷問にあって、ピアノ線を首にまきつけられ時間をじっくりかけて絞首刑になる恐怖を味わわなくても済んだ。彼が誰とも異なる名誉ある死を迎えたことは、ヒトラーの驚くべき最後の恩寵だったのかもしれない。

いまわのきわにロンメルの耳には、トロイアを攻略したアガメムノーンに警告する合唱が聞こえてこなかっただろうか。

あまりにも高く名を馳せることは、重い苦しみのもと、

〔その家めがけて〕ゼウスから
雷が投げつけられる。
私は、ひとの妬みをうけないほどの、富さいわいをえらびたい、
城を奪った大将の名誉はいらぬ、

（『アガメムノーン』）

第五章　学者世界の憂鬱

天才科学者の不遇

彼がその終生の大業である人工雪の研究をやった札幌は、この意味で、彼にはあまり住みよくなかったのではなかろうか。彼の名はその朋輩をぬいてあまりにも高かった。従って協同で仕事をしても、世間はそれを彼一人がした仕事のように思い込んでしまう傾向が著しかったようである。実は彼は決してそんな心持はなく、ありの儘《まま》の形で発表するのであったが、世間がそのままに受取らず、宛《あたか》も彼一人の業績であるかのように受取ったのが彼に災いしたらしい。

（「忘れ得ぬ雪の科学者」）

書き手は、東大総長を勤めた物理学者の茅《かや》誠司である。「彼」と呼んでいるのは、世界で初めて人工雪をつくった中谷《なかや》宇吉郎にほかならない。二人の物理学者は、最後は東大と北大とに別れたが、戦前の一時期、北海道帝国大学理学部で同僚だった時期もある。生涯互いに許し合った友でもあった。

学者は、軍人や官僚はもとより企業人とも違って、独自の裁量と活動を許される範囲が広い。しかも、専門の領域を狭めていけばいくほど、我こそ一番なりという自負と幻想にひたれる職業なのである。とはいえ、小さな城に立てこもる気儘は、教授や研究員といった職に恵まれて初めて可能になるのだ。

企業や官庁ましてや軍隊では、こうした個人プレーは許されない。もちろん、大学や研究所も組織である以上、人間関係の機微を調整できず学生の指導でも軋轢を起こす人間もいる。こうした人物には、教育や実験や臨床の指導は務まらない。また、人間であるから、個人研究が得意な者もいれば共同研究に秀でた者もいる。それは個人の特性や資質の問題であり、その人物がおかれた環境や条件にも左右されるのだ。

「雪は天から送られた手紙である」とは、小学生だった時分の私でも中谷の名とともに記憶に刻まれた名言である。人びとは、中谷が雪氷物理学の颯爽《さっそう》たるパイオニアとして、彼が中心になってつくった北大の低温科学研究所を率いて立派な業績を出したと信じている。しかし茅は、憤懣やるかたなく実情を語るのである。

中谷はこの研究所から「しめ出されてしまって、誰もが思っていたようにその所長にならなかった。誠に不可思議な話であって、私はその何故かを正確には知らない」と。しかし、中谷の偉いのは、「そのことに就いて私に愚痴一つ言わなかった」ことであろう（「忘れ得ぬ雪の科学者」）。

人格者への冷淡な扱い

まったく不思議な話というほかない。茅が正確に知らないくらいだから、私などが詳細を知る由もない。

もとより、大学は聖人君子の集まりではない。しかし、利権臭の薄い国立大学や独立法人くらいでは、人事をめぐる術策や争いはたかが知れている。所長になるかどうかは、めぐりあわせにもよるのだ。その結果は学者の評価や本質に関わることではない。

中谷はずっと沈黙していたくらいだから、自分のハラに収められるくらいの不快さだったのだろう。しかし、友達思いの茅は、自らが東大総長になったこともあり、友人の境遇に複雑な思いがしたはずである。茅のこだわりは、別の所でも同じ問題に触れていることからも分かる。

茅に限らず中谷に接した人なら誰でも、人柄の良さに素直に感動したという。中谷が臨終の病床で夫人に洩らしたのは、「誰にもよくしてあげるんだよ」という言葉であった。「小さな親切」の運動を始めた茅は、中谷の素行からヒントを得たのかもしれない。

戦前のパリ留学中、中谷と会った数学者の岡潔は、「若いのにあんな親切な人は見たことがない」と絶賛している。また、日本帰国後の岡は精神に変調をきたし、勤務先の広島文理科大学（現広島大学）でしばしば問題をおこし家出も重ねた。岡は、中谷がいなければ研究者として大成しなかったというくらい世話になったのである。一時は北大の嘱託として救ってもらったことさえあった（高瀬正仁『評伝岡潔』）。

中谷は弟子たちについても、公私にわたってよく面倒を見たのである。それにもかかわらず、手塩にかけて育てた一人の弟子が彼から離反したという。そして、中谷のミスが不満をもつ人びとに不当なまでに大きく語り伝えられたのは何故《なにゆえ》だろうか。容易に分かるように、理由の大部分は嫉妬にあったのだ。

また茅は、「町角での彼の評判は、その人柄にも拘《かかわ》らず、必ずしもよいとは言えなかった」とも書いている。これには、札幌で生まれ小樽に育った私の記憶とも重なるところがある。

雪の中谷博士といえば子供心にも誇らしげな存在だったから、北大に関係する大人に会ったとき、中谷の逸話などを教えてとせがんだものである。すると、「中谷さんは大学にいないからネエ」とか「中谷先生はいつも東京ばかりで札幌にいないから」とか、いずれも好意的とは思えない反応が返ってきて、大人たちの冷淡さに失望したことを憶えている。

こうしてみると、学者にありがちな嫉妬心に加えて中央への被害者意識が重なったところに、中谷の悲劇が生まれたと思えてならない。もっとも、茅は自分も教鞭をとった「札幌という田舎の大学」に好意的とはいえないから、話を少しは割り引いて聞く必要もある。

札幌の東京人

そして、中谷にも嫉妬を受ける原因があったことに触れないと、北大関係者に対してフェアではないだろう。

いつも笑顔を絶やさなかった中谷は、決して学識や知名度をひけらかす人ではなかった。とはいえ、おのずから才能の輝きは外に向かって光を放ち、名声とともに得た豊かな生活ぶりが大学内外からやっかみと羨望を招くことになったのは是非もない。

死後、二〇〇〇(平成十二)年には生誕百年を記念して文化人切手にもなり、郷土石川県に因《ちな》んだ大吟醸酒には「宇吉郎」という銘柄さえあるほどだ。いまであれば、スター教授どころでなくスーパー教授ともいうべき、抜群の知名度と存在感を誇ったのである。

茅は、昼時分ともなれば、中谷や数学の吉田洋一と語らって街に出たと述懐している。時にはホテルでも食事を楽しんだらしい。時代は今と違うのである。昼食を外で談笑しながらとるだけでも、独身だった中谷教授らは「田舎の大学」で貴族的な雰囲気を醸し出したことだろう。

しかし、中谷が札幌の外で多く生活するようになった理由は、最初のうち原因不明だった病気と関係していた。一九三六（昭和十一）年以来、肝臓ジストマの難病治療のために、札幌を離れて温かい伊東に移っていた。それにしても、「雪の博士」が伊東で避寒の湯治とは、という冷笑もあったにちがいない。

中谷が人工雪を初めてつくったのは昭和十一年三月であり、最初のエッセイ集『冬の華』が岩波書店から出たのは昭和十三年九月のことであった。五日間で二千部も出たらしい。また、同年十一月に創刊された岩波新書の最初のラインアップには、中谷の『雪』も加えられた。師の寺田寅彦譲りの文才を生かしたエッセイストとしても、地位を確立したのである。専門の研究も順調に進んでいた。

しかし好事魔多しというべきか。すでに触れたように、病状悪化のために昭和十一年秋から家族とともに伊東で生活するようになり、翌年も伊東で過ごしたが暑くて閉口した。そこで十三年になると、涼しい札幌で「ぜいたくな入院」（中谷）をして夏を過ごした。それでも体調が思わしくなかったので、慶応病院の武見太郎にかかると病根が見つかり、目出度く全快したのであった。

そこで母てるを連れて一家をあげて、ようやく札幌に移動したのである。

新居は中谷が自ら設計したペチカ暖房の防寒住宅であり、向かいは北星女学校であった。校舎は赤レンガの塀に緑の芝生の中庭がはえ、外壁のクリーム色も美しい。学校の通用門に面した中谷家の瀟洒《しょうしゃ》な造りについては、人づてに聞いたことがある。二つのハイカラな建物は調和の美を醸し出したことだろう。岡潔がこの家に寄寓していたとき、登校する女学生に小石を投げて、キャッキャッと騒ぐ娘たちを尻目に、その軌跡をジーッと観察したという奇談も残っている。

中谷は、一九四一（昭和十六）年に雪に関する研究で学士院賞を受けたが、同じ年に北大に低温研もつくられたのである。

華麗なるパイオニア

戦後になると中谷は再び東京に転居し、昭和二十三年九月に渋谷区原宿に新居を構えた。家族はここに移り、中谷は授業など用事のあるときに札幌に移動したようだ。

大学には、遠くから講師を呼ぶために講義や演習を一週間くらいでまとめて済ませる制度があり、これを集中講義と呼んでいる。しかし、本務校（中谷の場合は北大）の場合に講義や実験の一年分や半年分をまとめて、一、二週間で処理するのはやや常識に反すると言われてもしかたない。

もし中谷が北大で集中講義の類《たぐい》をしたとするなら、かりに病気などの事情があったにせよ、同僚や学生らの間に不満はくすぶったことだろう。しかも、のんびりしていた当時でも、国立大学教官は国家公務員として勤務地に居住するのが原則だったはずである。中谷が日常的に東京に住んでいたとすれば、このあたりでも大学との関係は気まずくなったのではないだろうか。

茅誠司なら、「札幌という田舎の大学」は仕方ないと舌打ちしたかもしれない。たしかに、北大プロパーあるいは東大出身者の違いを問わずに、当時の北大の同僚のなかに東京つまり中央で驥足《きそく》を展《の》ばせぬ無念さを、嫉妬でごまかす者がいたかもしれない。しかし、才人に対する凡人の屈折感は〝東京という中央の大学〟とても同じである。だいたいにおいて、茅誠司にも似たような経験があったはずだ。旧制高校でなく蔵前の東京高等工業学校（現東京工業大学）出身の茅は、東大で門前払いをくらい、ひょっとして「田舎の大学」かもしれない東北大学に志望を変えざるをえなかった。茅の学者としての成功、東大総長への就任を喜ぶ者だけが世間にいたわけではない。茅と中谷はある意味で、出身校と勤務校との関係が逆になったのだ。

もし茅が、自分の受けた嫉妬と反感を中谷の複雑な心境に重ねながら、友人の胸のうちを我事として思いやることができていたなら、中谷はもっと率直に心の屈折を語っていたかもしれない。すると茅の中谷論は、「学者論」や「大学論」の名文として、終生語り継がれたように思えてならない。残念なことである。

「中谷宇吉郎雪の科学館」のホームページを覗《のぞ》くと、年譜の一九四九年（四十九歳）には、後に岩波映画製作所となる「中谷研究室」プロダクションが東京で発足、という説明が見られる。

この「プロダクション」は石狩川や大雪山の調査を記録したが、「中谷研究室」と名を付けたために北大の「研究室」との関係を誤解する向きもあったかもしれない。戦前から『雪の結晶』（東宝文化映画）などをつくった中谷にとって、各種の撮影やコマ撮りなど雪の映像化は研究に欠かせなかった。

しかし、現役の北大教授が関係した「プロダクション」には、岩波書店の小林勇や映画監督の羽仁進も参加しており、中谷の学者ばなれした企画力と人脈に鼻じろむ同僚たちもいたはずである。いや、むしろ反感を買ったといった方がよいかもしれない。

晩年、アメリカとカナダで活躍した中谷には、「中谷研究室」の仕事にかかわる余裕はあまりなく、一九六二（昭和三十七）年四月に亡くなった。茅誠司が弔辞を読み、墓に字を書いたのは元文部大臣安倍能成《よししげ》である。ここでも中谷の華麗な人脈は、やっかみのタネであったろう。

中谷への嫉妬や反感は、物理学やサイエンスと見なされなかった低温科学で成功を収めた点とも無縁ではない。低温科学や雪氷学を切り開いたとき、彼の学問は芸術にすぎないと陰口を叩かれたらしい。しかし、理科の学問に「芸術」とは何という素晴らしい悪口ではないだろうか。

雪氷学はいまや、北大の学問を象徴する金看板ともなった。現在、北大構内には人工雪誕生の碑とともに、中谷の実験風景の写真が飾られている。多数の観光客が眺める中谷の実験姿は、寡黙《かもく》な学者そのものである。

饒舌な「苦労人」

温厚な中谷に対する嫉妬は見ているだけでつらい。しかし、植物学者牧野富太郎の場合には、ここまで言うのかとやや鼻じろむ思いをする人も多いだろう。もちろん、正規の学歴としては高知の小学校退学までという境遇で苦労したことに同情せざるをえないにせよ、である。

中谷は、他人が自分を嫉妬しているとは決して言わなかった。他方、牧野は『牧野富太郎自叙伝』のなかで自分のことを天才と呼び、学歴をもたない独学の自分は閥外であり、東大教授たちに嫉妬されたとまで語るのである。

東大に四十七年も勤めて安月給の講師どまりで生活にも研究にも困っていた。自分の生活苦を公言する明治人も珍しい。「武士は食わねど高楊枝」といった鷹揚さのないのが牧野なのである。

牧野は、一八九〇（明治二十三）年に『日本植物志』の図篇第六集を出したときに、東大の矢田部良吉教授から「自分もお前とは別に、日本植物志を出版しようと思うから、今後お前には教室の書物も標品も見せる事は断る」といわれたと書いている。「自分が仕事をやる間は、お前は教室にきてはいかん」といわれたというのだ。牧野はこれを自分の力を疎んずる嫉妬だと解釈するのである。

ここまではまだよい。牧野に同情する人も多いだろう。しかし、ここから牧野はかつて森鷗外がしたように、部外の権威を使って逆襲を試みる。東大総長・文部大臣にまでなる菊池大麓や新聞『日本』を出す国粋主義者の杉浦重剛まで頼って、矢田部の仕事に難癖をつけさせ、自分に箔《はく》をつけるのだ。これは学者としては禁じ手である。それでも、牧野は悪びれず有力者との関係を隠そうともしない。

矢田部は別の事情から東大を罷職《ひしょく》となるが、菊池との「権力争い」が直接の原因だったらしい。牧野は「学問上の競争対手《あいて》」を失ったとしているが、あまり同情的な口振りではない。

牧野は、矢田部が去った後、松村任三によって助手に採用されるが、やがて植物の命名をめぐって争いがもちあがった。二人とも分類学者だったからである。研究の成果を

「私は誰《だ》れ憚《はばか》らずドシドシ雑誌に発表したので、どうも松村氏は面白くない、つまり嫉妬であろう」と牧野は書いている。松村はこういったというのだ。「君はあの雑誌へ盛んに出すようだが、もう少し自重して出さぬようにしたらどうだ」

これが本当だとしたら、嫉妬もさることながら学問的な〝圧力〟にもなりかねない。牧野に対する松村の敵意や悪口は「十年、二十年、三十年と続いたのだから、私の苦難は一通りではなかった」と悲鳴をあげている。松村は、牧野と刺し違えてオレも大学をやめる、とまで公言したというのだ。『自叙伝』のなかでも、牧野はかなり執拗に書いている。

終わりに臨んで私は私の約半世紀も勤め上げた大学側からは、終始いろいろの堪えられぬような学問的圧迫でいじめられ通しでやって来ました。しかし今日私の心境はむしろ淡々としていてこんなつまらぬことは問題にしていません。由来学者とはいうものの、案に相違した偏狭な、そして嫉妬深い人物が現実には往々にしてあることは、遺憾ながら止むを得ません。しかし私は大学ではうんと圧迫された代わりに、非常に幸運なことには世の中の既知、未知の方々から却って非常なる同情を寄せられたことです。

奔放さと糞度胸

しかし、矢田部のときと同じように、松村の嫉妬云々も牧野の側からの情報にすぎない。嫉妬したという教授たちの言い分を、知ることができない点に注意する必要もあろう。

矢田部や松村は、個人として便宜と好意を許れる範囲で牧野を厚遇し、本来は大学とは何の関係もなかったのに教室に出入りし、標本や書籍も自由に見られる許可を与えた事実も忘れてはならない。

しかし牧野はそうとらないのだ。「世界的発見の数々」をしている自分を圧迫するのは「日本の植物学にとって損失である」とか「先輩は後進を引立てるのが義務ではないか」とか述べて、坊ちゃん育ちの我がままと自己中心主義で人に好遇されて当たり前と開き直るのだから、矢田部にすれば堪《たま》らない。

牧野はまた、松村とは「別に教授を受けた師弟の関係があるわけではなし、氏に気兼ねをする必要も感じなかった」とも語る。そもそも「情実で学問の進歩を抑える理窟はない」と意気軒昂なのである。

良く言えば、土佐いごっそうの面目躍如というところだろう。しかし、松村にも言い分はあったはずだ。わざわざ高知に手紙を送って助手採用を伝えた顚末を思うにつけて、松村教授の「圧迫の手が下る」とまで牧野に公然といわれては立つ瀬もなかっただろう。

牧野が教授や先輩のねたみを話題にしている点についても、別の解釈がある。それは、東大に限らず日本の大学制度が整備されるにつれて、それまで有力教授の自由裁量や太っ腹で認めていた慣行などが厳しく制限されるようになったというのだ（下坂英「誤解と伝説に包まれた『独学の大学者』」）。ありそうなことである。

牧野のように規則や申し合わせに従わない自由人からすれば、ちょっとした注意や助言も、そねみや意地悪の発露と誤解する面もあっただろう。だいたいにおいて牧野は、規則でがんじがらめの大学世界にそぐわない、破天荒な面をもっていた。

牧野は自分の給料が少ないのに、標本整備の場所が必要だからといって大きな家を借りてしまう。坊ちゃん育ちの土佐いごっそうで、金銭におおらかといってしまえば笑い話かもしれない。

平気で借金を重ねて何度も債鬼に押しかけられ、周囲を困らせるのも再三であった。裕福な家に生まれ金がいくらでも自由になったときの感覚が忘れられない。実家が没落しても、植物研究に湯水のように金を費やしてしまうのだ。やりくりや始末というものがないのである。良き時代だから、郷土の有力者や篤志家が現れて借金の肩代わりをするのも、牧野のために良かったのか悪かったのか分からないところもある。

オレの学問は世界一の貴重な成果を出すのだから世間が面倒を見ても当然、といった風情が『自叙伝』の全編を被っている。『新撰日本植物図説』の序文などは、一大奇観である。植物学のために家産を傾けた自分は、本書を出して「日常生計ノ費」を補うと臆面もなく書き記す。生計の足しに本を出すと語る学者がどこにいるだろうか。しかし、本人は大まじめなのである。そして、どこか憎めない風情もあるのだ。

しかも牧野は、神戸の篤志家・池長孟《はじめ》が神戸に牧野の植物標本を預かるために援助した三万円の大金を、うやむやにしたという話もある。少なくとも数百円を兵庫福原の色街で使ってしまったというからすごい。それぱかりか、池長が牧野につけた女中に「よからぬ行為に及んだ」ということで池長が怒ったという説もあるほどだ（山口昌男『経営者の精神史』）。

いよいよ生活に窮すると、渋谷に女房の姓をとって「いまむら」なる待合を開業した。待合は、もともと客が芸者を呼んで遊ぶ茶屋であったが、しばしば色も売っていた。牧野は、貧乏だから女房も待合を開いた、大学には迷惑をかけていないとうそぶくが、世間はそうとらない。奥さんが学生を自分の待合に連れていったということになると、話はちと面倒になってしまう。

「大学の先生のくせに待合をやるとは怪《け》しからん」と各方面で悪口を言われても、吾輩の細君は素人ながら待合を経営できる「天才的手腕」を持ち合せていた、と実にアッケラカンとしている。

これだけ何でもありそうな現代であっても、クラブや風俗営業店を開く度胸（あるいは蛮勇）をもつ東大の先生など、まずいないのではないか。ところが牧野は、道徳や倫理がまだやかましかった大正の半ばすぎに、女房に待合を経営させたというのだから、これはもう大変な糞度胸というほかない。

巧みなメディア戦略

土佐いごっそう牧野の学問観も、異才にふさわしく相当に変わっている。草木に愛をもてば人間に思いやりの心が芽生えて喧嘩も戦争も起こらないという考えには、文句をつけようもない。また、自分が日蓮のように「偉い人」であったなら「草木を本尊とする一つの宗教」を創始していたと自負する無邪気さも、大目に見られるだろう。

ところが、しばしば学問を女性と比較するあたりは破天荒といってよい。自分は「植物の愛人としてこの世に生まれて来た」とまず自負する。「ハハハハハ。私は飯よりも女よりも好きなものは植物です」からはじまって、「草木すなわちわが袖褄《しゅうろう》を引く愛人の中に立ち」吾輩はおおいに働くと豪語する。最後には「わが愛人である草木と情死し心中を遂げる」とまで、覚悟のほどを示している。

恐れ入った意気軒昂ぶりである。しかし現在では、牧野が尾瀬ヶ原などで植物採集をしている最中に「やたらに採集するな」と土地の人に怒られたという話があるくらい、自然保護に対する牧野の姿勢を疑問視する声も高いのだ（「誤解と伝説に包まれた『独学の大学者』」）。

それもこれも、牧野の我儘《わがまま》は「私のような天才（自分にそう言うのはオカシイけれど）」や自分の学風は二度と生まれないという、満々たる自信に支えられていた。「人によると」という但し書きをつけながら、「私のような人は百年に一人も出んかも知れんといってくれます」と満更でもないのである。とても、人の嫉妬を受けて縮んでしまう小器ではないのだ。

有力者やメディアをたのみながら、自分の苦境を喧伝《けんでん》させ、外で知名度を高めていくのも牧野が得意とした手法であった。不遇な独学の学者というのは、マスコミの関心を集めるには恰好の話題である。もし牧野が戦略的にメディアを使ったとするなら、相当な狐ではないだろうか。無学歴の大学者が東大で学歴差別をされるというのは、かつても今もマスコミの「期待」しそうな話である。

他方、公平のために、牧野の言い分にも耳を傾けてみよう。すると、たしかに学外で有名になるのは、いちばん嫉妬を買う原因であることが分かる。牧野には学問の評価があるのだから、普通なら寡黙かつ謙虚になっていればよいのだ。嫉妬を避けようとすれば、少なくとも自分から自慢話をしなければよいのだが、牧野はあえて挑発的に自画自賛の道を歩んだのである。

嫉妬はされたかもしれないが、それを無視するか気のつかないふりをした中谷の洗練ぶり。嫉妬されたと思いこみ公言しながら、それを身すぎ世すぎの材料に使ったと言われても仕方のない牧野の泥臭さ。二人の生き方は、同じ学者とは思えないほど対照的である。

第六章　天才の迂闊、秀才の周到

秀才を頂点に導いた天才

「ついでに、東条さんにもお会いしたいのですが、部屋はどこですか？」

石原は、

「ああ、東条上等兵の部屋ですか？　それはね、この廊下をこう行って、突き当って……」

（杉森久英『夕陽《せきよう》将軍——小説・石原莞爾』）

これは、大川周明が、満州旅行のときに同郷・鶴岡出身の石原莞爾関東軍参謀副長（一九三七・九〜三八・八）をたずねたときの会話である。ほとんど同じ話は関係者の本にもよく出てくる。

同じ独裁者でもヒトラーは伍長だから、それより劣る東条英機参謀長などは上等兵が関の山という嫌味だったのだろう。石原は、関東憲兵隊司令官の経歴をもつ東条を、人前で「この人は憲兵あがりだから」と揶揄したこともある。戦略家の石原は、軍の警察官たる憲兵の仕事を見下していたのだろう。それにしても、将官とは思えない粗野な発言である。

大川は大戦後に精神の変調をきたして、戦犯となった東京裁判で東条の頭をポカリと殴った右翼の思想家である。その大川でも、石原の過激な上等兵発言には驚いたようだ。

しかし、昭和の陸軍軍人で「天才」といえるのは、石原莞爾ただ一人といってよい。天才は百年に一人しか生まれないとすれば、満州事変は世界をひっくりかえすほどの事件だった。作戦主任参謀にすぎない一介の陸軍中佐が世界を驚かせ、アメリカやロシアを沈黙させながら、蔣介石の反応も織りこんで日本とアジアの運命を決する大きな「事業」を決行したのだ。

これに比べると、東条の足跡は影が薄い。しかし、彼を単純な凡才と見るにはあたらない。東条は、まぎれもなく努力家肌であり、陸軍に多い秀才タイプの一人であった。とはいえ、ひいき目に見ても、彼が陸軍大臣ましてや総理大臣に昇りつめた(一九四一・一〇)のは、偶然と幸運の産物にすぎない。

東条の成功には、石原の性格の欠点に加えて行動のミスが与《あずか》って大きかった。石原の天才的な頭脳と構想力に反感をもつ軍人はあまりにも多く、東条の行政処理能力に無難さを感じる同僚は驚くほど多数いたのである。石原莞爾は、何をしても人の嫉妬を避けられない男であった。

なかでも、石原の戦略研究とひらめきは、世界の戦争が作戦上の戦争から物量上の戦争に変化した点を直感したことだろう。一九二二(大正十一)年、ドイツ留学から帰った石原は、十八世紀のフリードリッヒ大王(二世)時代の持久戦争がナポレオンによって決戦戦争へ変化させられ、日露戦争や第一次大戦の結果ふたたび持久戦争の時代に入ったと考えるようになった。

プロイセンのフリードリッヒ大王は、フランス、オーストリア、ロシアを相手にした七年戦争で戦いの長期化に苦しみながらシュレージェンを獲得し、列強の仲間入りを果たすという戦略的目標を達成した。ところが石原は、日露戦争ではドイツの兵学家モルトケの教えを鵜呑《うの》みにして、迅速にロシアを屈服させようとした点に誤りがあったというのだ。陸軍が神聖視した日露戦争の勝利を根本から疑うとは、何という大胆さであろうか（岡田益吉『日本陸軍英傑伝――将軍暁に死す』）。

日本のナポレオン

ナポレオンは、敵にその兵力を集中させる余裕を与えずに、移動中の敵をたたけばよいと考えた。巧みに敵を孤立させ味方の兵力を集中しながら効果的に運用すれば、たとえ敵軍の半数であっても、戦場では敵よりも強いだろうと語っている。

日本の中国侵略や大陸経営の批判はひとまず措いておこう。石原が一九三一（昭和六）年に満州事変を企てたとき、関東軍はたった一万二千名の兵力しかもっておらず、この少数の部隊で日本の国策会社たる満鉄こと南満州鉄道の附属地を守っていた。

ところが、日本の「ナポレオン中佐」こと石原は、本家にならってすべての兵力を奉天に集中し、わずか一万の兵力で張学良率いる二十万の軍隊を破った。つねに全兵力を一戦場に集中して、ロシアやオーストリアなど数でまさる各国の大部隊を破ったナポレオンの戦術を自家薬籠中《じかやくろう》のものにしていたのだ。部隊の機動力を極度に発揮し、一線部隊は神出鬼没、主力の第二師団の行動距離だけでも数千キロに及んだというから驚くほかない。

石原は、ナポレオンの次のような言も吸収していたのだろう。曰《いわ》く、「天才は形式の下におめおめおしつぶされない。形式は凡人のためにつくられたものなのだ。凡人が規則の枠内でしか動けないのはそれでよい。有能の士はいかなる足かせをはめられていても飛躍する」と(オクターヴ・オブリ編『ナポレオン言行録』)。

そのうえ石原は、陸軍大学校の兵学教官を経験し、『戦争史大観』や『国防政治論』のほかに、戦略論の名著といってよい『世界最終戦論』を書きあげた著述家でもある。そこでは、原爆や宇宙ロケットの出現がすでに予見されており、戦争のあり方が一変すると第二次大戦後の世界を展望していた。

世界最終戦争についていえば、石原の議論は一見すると直観的に見えるが、多くの読書に支えられた精密な分析力の産物なのである。空中戦と四次元の戦い、原爆の出現、さらに破壊力の大きい水爆の登場を予見したばかりではない。戦争史大観（軍事理論）・昭和維新論（政治戦略論）・東亜連盟論（組織論）の三つの立脚点をもっていた将軍の異能は、賛否を問わずに、認める人も多いことだろう。

しかし、やっかみと反発も大きかった。加うるに、石原の独特な人間的個性、日蓮宗への熱狂的帰依は、軍人仲間の反感を強めることにもなった。

ナポレオンや石原莞爾レベルの天才肌の戦略家と、東条英機やアイゼンハワーなど平凡な秀才官僚との懸隔は、あまりにも大きい。ナポレオンの言に、いま一度耳を傾けてみよう。

作戦計画を立てることは誰にでもできる。しかし、戦争をすることのできる者は少ない。出来事と情況に応じて行動するのは真の軍事的天才でなければできない。このために、最上の戦術家も将軍として凡庸だったのである。才気と同じ程度に性格をもっていなくてはならない。才気は非常にあるが性格はほとんどない人々は軍人に向いていない。底荷とつりあわないマストのある船のようなものだ。才気はほとんどなくても性格はあった方がよい。才気はあまりなくてもそれに釣り合った性格をもつ人々は成功することが多い。高さと同じ程度に根底がなければならない。才気が豊かで性格もそれに劣らぬ程度の将軍は、カエサル、ハンニバル、テュレンヌ、オイゲン公、フリードリヒである。

（『ナポレオン言行録』より要約）

優秀な行政官

ハンニバルは古代ローマ軍を何度も破ったカルタゴの英雄、テュレンヌは十七世紀の三十年戦争でドイツを侵略したフランスの将軍、オイゲンは十七世紀から十八世紀にかけてオスマン帝国やフランス相手の戦争で勝利を収めたオーストリアの名将である。源義経や織田信長や島津義弘であれば、これらにもゆうに匹敵する武将といってよい。また、石原も「才気が豊かで性格もそれに劣らぬ程度の将軍」に入れてもまずよい。

しかし、東条はどう贔屓目に見ても将の器とはいえない。

嫉妬と偏見を体現した昭和陸軍の人事で、東条が陸軍大臣どころか総理大臣という政治のトップに昇りつめた理由は、戦略家でなく行政官として評価されたからだ。そもそも東条は、自分の創造性の欠如などにコンプレックスがある裏返しのせいだろうか、「優越欲求」が強い男であった。秀才だった父英教（盛岡藩）が長州閥から嫌われ、陸軍で不遇に終わったことに被害者意識を相当にもっていたらしい。

優越欲求とは、他人の行動や運命を統制しようとする権力への欲求、他人から畏敬・賞賛されたいという地位への欲求を指している。

優秀な行政官僚だった東条英機の優越欲求は、ある人間が社会活動で成功する貴重な動因だったかもしれない。実際に、東条には憲兵隊司令官という職は向いていただろう。戦時中に、街を巡回してゴミ箱をあさって国民の歓心を買おうとしたかと思えば、自分の戦争指導を批判した部下や新聞記者を懲罰的に最前線に送りこむなどは、愚将の器というほかない。

こうした人物は他人の成功に嫉妬深い反面、自他の優劣の差に恬淡《てんたん》とすることはない。地位争いに積極的に参加し、競争相手の打倒に全力を尽しても疲れないのだ。

首相と陸相になり人事権を完全に掌握した後、シンガポールを落とした「マレーの虎」こと山下奉文《ともゆき》中将を東京に戻さずいきなり満州に転任させたり、首相候補として自分を脅かした寺内寿一《ひさいち》元帥をずっと南方総軍におきサイゴンでくすぶらせたことは、スター性のある人物に対する東条のおびえややっかみと無関係でないだろう。

東条は、敵を倒した後でも相手の報復を恐れるから、再起の機会を封じこめようとする。密告やアングラ情報を駆使して、人材才幹を次々につぶし排除していくのである。このあたりが「東条幕府の憲兵政治」と嫌われ、昭和陸軍、ひいては日本の悲劇を形づくったのだ。その一番の被害者が石原であった。

東条のような優越欲求は、当初から他者に優越する資質や能力をもち、しかも他人からそれを認められている人間、たとえば石原のような人物には無縁である。また、そりの合わない二人が兄事した逸材、陸軍省軍務局長時代に斬殺された永田鉄山には、こうした優越欲求にこだわる必要はなかった。

永田鉄山少将は、国防国家体制の確立を目指しながら相沢事件（一九三五・八）で殺害された陸軍統制派のリーダーにほかならない。永田が生きていたなら東条に出番はなく、せいぜい師団長を拝命すれば望外の幸運というものであった。

政治哲学もあった永田は石原を御《ぎょ》しながら、昭和陸軍の近代化と戦略に磨きをかけていたことは間違いない。岩波茂雄のような出版文化人から財界人にいたるまで幅広い交遊関係をもっていた永田は、石原に匹敵する読書家であり、社会科学を理解できた稀有《けう》の軍人であった。

永田鉄山が陸軍の中枢を歩んでいたなら、戦略なき日中戦争や対米戦争に走った可能性は少ないといわれる。政治戦略を欠いた東条が日本史の重要な局面に国の舵取りを任されたのは、日本国民にとって不運というほかない。東条の内心は小心翼々であり、権謀術数によって獲得した地位を保とうと腐心するのにやっとだったのである（佐治芳彦『石原莞爾——天才戦略家の肖像』）。

石原莞爾と東条英機は、指揮官の一挙手一投足に兵士の生き死にがかかる軍人の世界に育った。本質的にいえば、学者や役人の世界とは違う真剣勝負の世界なのである。本来この種の組織に必要な人材は、制度や機構に依存する秀才たちでないはずだ。

しかし陸軍も巨大な官僚機構である限り、そのメカニズムを維持するには組織運営の才能も必要となる。そこに東条のような人物が重用される根拠もあった。

思想の有無

この二人は、性格的に根本から相容れないものをもっていた。どの社会にも、一緒にいれば必ず喧嘩をする組み合わせというものがある。

起案の書類をまとめる場合でも、克明に文書をつくり、同僚と相談しながら決をとるタイプなのかどうか。他人も呼んで意見を聞き、合議する人物なのかどうか。私たちの周りを考えてみればよい。石原と東条のやり方は、万事につけて違っていた。

二人を知っていた元参謀は、東条がいま生まれたなら東大に入って将来は局長くらいまでいくだろうと語っている。巧みな説明であろう。東条のメモ魔ぶりは有名である。勉強もできるし記憶力はよく、努力家でもあるから役人としてかなり出世するというのだ。とくに税金をとりたてる大蔵省（現財務省）主税局長にはなれるだろう、と。

通産省（現経済産業省）ではそうはいかない。東条は愚直と律儀の見本であり、融通性がないから産業界の海千山千とつきあう仕事は無理だ、ともいう。この元参謀は、石原の職業について、実体として絵になって浮かんでこないと苦しむ。宗教家あたりだろうかと苦し紛れにいうのは、案外に正しいかもしれない（亀井宏『東條英機』上）。

石原は、変動期や革命期には政治家にもなれるかもしれない。私の考えでは、平時には個人技で勝負する学者がいちばん向いている気がする。学界には、実力さえあれば多少の奇癖や傍若無人さを大目に見る傾向もある。

カメラやトーキーに熱心だった石原には、理科の方面が向いているだろう。ひらめきと構想力の双方をもっているから、数学や物理を専門にしてもおかしくない。ひょっとして彼なら、フィールズ賞やノーベル賞クラスの天才的な学者になれたかもしれない。理科の学問なら、才能と業績の結果がはっきり出る分だけ、軍人社会のように嫉妬で才能がつぶされる危険はまだ少ない。

石原はあくまでも孤高の天才であり、根気よく他人を説得する能力や妥協性はまずない。悪くいえば、どこかズボラで投げやり、あきらめも早いのだ。石原の独創性は、コンクールで集団の審査にさらされる芸術家になったとしても、成功したかもしれない。

石原はともかく、東条が学者や芸術家になるとは空想的にも考えられない。東条は、彼なりに頭脳が冴えないと自覚していたので、努力と勉強で人生を補った男である。軍人として必要な知識以外には、万事に鈍感であり無関心でもあった。小説などは読んだこともなかったのではないか。到底、総力戦について語れる人材ではないのだ。石原からすれば、東条の無教養も軽蔑のタネになった。

人間の性格として致し方ない面もあるが、今の大学生のなかにも、学校の勉強に熱心かつ優秀でも、和漢洋の教養につながる知識が乏しい秀才が多い。日米開戦に踏み切った東条や周辺の軍人たちは、アメリカの国力や地域事情など何も知らなかった。

石原は死の直前、東条告発の証言を迫る連合軍関係者に、「東条には思想がない」「僕には思想があります」「思想のない東条とは対立のしようがない」と軽妙かつ逆説的な東条弁護をして、外人を煙にまいている。

秀才社会の論理

東条の事例は、秀才が天才を嫉妬することを教えてくれる。

現代でも、受験技術や面接要領で鍛え抜かれた都会の少年少女たちは、社会に出ても大きな失敗をすることもない。かれらはマニュアル化された問題には一応の解答を与える。たしかに、この層の安定した存在はどの社会でも必要だろう。手ごろの秀才が多い社会は決して悪くはないのだ。

とはいえ、この種のマニュアル型秀才には、天才的な性向をもつ人間を受け入れない排他的なところがある。生まれつきの天分と、努力で得られた安定感は違うのである。

天才には、不注意なところがある。天才的な人間は、他人が自分のことをほめることを当然と思うし、それを聞くのは何よりも気分がよいものだ。しかし、ソクラテスの弟子クセノフォンが言ったらしいが、自分で自分をほめるのは他人の耳には何よりも苦痛なことを知らなくてはならない（プルタルコス「人から憎まれずに自分をほめること」）。

秀才は、このように不注意な過ちをおかすことはない。そもそも他人の嫉妬を買わないようにする如才《じょさい》無さを、鍛錬で身につけている。もっとも自分の能力と限界を本当に知る秀才なら、敵わないと思った天才には滅多に嫉妬しないものだ。この両者の調和がはかられた時に組織のダイナミズムが発揮され、人間関係も成功するのである。

しかし、実際の歴史において、このバランスがうまく保たれた例は稀《まれ》なのだ。並の秀才あたりであれば、「オレでもこの程度ならできる」といった感情がどうしてもはたらくからである。

軍人の社会にも、役人や会社員と同じところがある。出世には、周囲との折り合いが大事なのだ。人の嫉妬をさけ、上司や部下の感情を配慮しなくては、組織で上にはいけない。石原莞爾にもっと根気や安定感があり、東条英機に永田鉄山くらいの度量と才気があったなら、昭和日本の進路も変わっていたとよく指摘される。

私には、そう確定的に言えるほどの材料はない。しかし事実として、東条には石原や永田のもつ戦略眼はまったくなかった。彼のように同僚や部下の才を妬む権威主義的なタイプは、日本の組織指導者に今でも頻繁にみかけるタイプであろう。福田和也は東条について、一国の指導はおろか関東軍の参謀長すらまともに務まらなかったのでは、と手厳しい。この指摘はかなり当たっている。

それでも東条は、政治組織の操縦者として冴えた才能と卓越した能力をもっていた。関東軍参謀長の時代、石原の立てた満州国建設の五ヶ年計画を実施のレールに乗せたのは東条だったからである。石原にも東条の政治力を使うだけのずるさがあり、東条の名誉欲をそそっていたなら、二人の関係と昭和の政治風景は違っていたかもしれない

（『地ひらく――石原莞爾と昭和の夢』）。

天才軍人に必要だったもの

しかも二人の関係は、最初から悪かったわけではない。

石原は、士官学校で四期先輩、五歳年長だった東条について、若いころにはテキパキした実行力をむしろ尊敬していた。東条も石原の頭脳を評価していたというから、感情の懸隔がなかった時期もあったのだろう。やはり、永田鉄山という重しがなくなり関東軍参謀長と副長という上下関係になって、急激に悪化したのであろうか。

それでも、東条が満州国一部日系官吏の汚職を厳しく摘発したことを石原は率直に評価し、石原の宿舎に女中を世話するなどの懐柔と気配りも東条が示したほどなのだ。天才肌の石原の方にも、明らかに責任がある。積極的に悪口雑言を放ったのは石原であり、東条は石原への反感や嫉妬を少なくとも公にせず苦笑して済ませる才覚をもっていた。

しかし東条は、石原から受けた仕打ちを忘れなかった。陸軍大臣となった東条は、人事権をふりかざして京都の第十六師団長だった石原を予備役（退官）に追いやった。さすがに陸軍では、この逸材を惜しむ声があちこちにあがった。こうして陸軍は、戦略的構想力を失ったままに、日米戦争の奈落に呑み込まれることになる。

石原の政治的粘着力と政治技術の不足は、参謀本部作戦部長の時（一九三七）に中国北部で戦火の拡大に反対しながら、途中で「日華事変」の休戦努力を放棄した点にも象徴されていた。関東軍への左遷や持病の悪化などで苛立《いらだ》ち、凡才東条の指図など何もかも気にいらなくなったのだろう。

ある猛夏の参謀会議で、東条らはしっかりと軍服を着こみ謹直にテーブルに向かう光景を想像していただきたい。そこに現れた石原は、すぐに軍服のボタンをはずし、あげくにシャツだけの姿になってしまう。

石原による東条批判の感情的な高ぶりに、上質な嫉妬心はない。あるのは、強烈に幼稚な反発心と素朴な対抗意識だけである。石原に欲しかったのは、どの同僚にもそれなりの長所や特性を見出し、時には素直に嫉妬もできる良質な感性だったのかもしれない。

第七章　独裁者の業

暗殺を招いた傲慢

なぜなら彼はただ単に法外な名誉を、つまり立て続けの執政官職、終身の独裁官、風紀取締役、その上に最高司令官の個人名、国父の尊称、王たちの間におかれた像、劇場の貴賓席の高壇、を手に入れたばかりでなく、さらに死すべき人間に与えられる限界を越えた栄誉が決議されても平然と黙認した。元老院議堂と法廷における黄金の高官椅子、競走場での開会式行列に彼の像を運ぶ山車《だんじり》や化粧担架、彼の神殿と祭壇、神像と並ぶ彼の像、聖長椅子、カエサル司祭、ルペルクス神官団、彼の名（ユリウス）を冠した月の名。

こうして彼はありとあらゆる名誉を勝手気儘《きまま》に受け取り、かつ与えたのである。
（『ローマ皇帝伝』上・第一巻七六節）

前四九年以降のローマの内乱を抑え、「終身独裁官」の地位を手に入れたカエサルの華麗な生活と人もなげな素行は、人びとの嫉妬を強めずにはおかなかった。

その原因を知ろうとすれば、右に掲げた伝記作者スエトニウスの文章を読めばよい。およそ同僚から嫌われないためには、あまり法外な名誉を受けるべきでないのだ。それなのにカエサルは、反感をもたれても仕方のない所作を、あえて挑発的に誇示したのである。

一世紀のスエトニウスも紹介したように、カエサルはカピトリウム神殿の境内にある古代ローマ七人の王たちの像に加えて、自分の像を並べた。また、ルペルクス（「狼の番人」）という原始神の祭祀にあたるカエサル神官団をつくり、神格化されたカエサルを祀る神殿で奉仕する独自の司祭たちまでつくりあげている。これでは嫉妬だけでなく、反感や憎悪も受けてしまう。

しかもカエサルは、言わずともよい挑発的な言辞を繰り返している。たとえば、「共和国は白昼夢だ、実体も外観もない」とは元老院議員の眉をひそめさせる言葉であった。世人は自分カエサルにいっそう慎重に語りかけるべきであり、「私の発言は法律とみなされるべきだ」といった傲慢さや倨傲も、律儀なローマ人には腹にすえかねたにちがいない。

元老院議員が全員でカエサルに名誉を授ける決議をもって近づいた時でも、彼は坐ったまま応対した。これは皇帝の振舞いであろう。同輩議員たちのプライドは傷つけられ、嫉妬の炎は瞋恚《しんい》のほむらに燃え移ったことだろう。前四四年、五十五歳のカエサルは暗殺さるべくして暗殺されたのである。

排除される絶対者

そのカエサルでも、ひそかに嫉妬した人間がいたようだ。カエサルにはどうも軍事巧者のポンペイウスを強く意識していたふしもある。

二人は富豪のクラッススとともに、前六〇年に元老院に対抗して権力を独占するために、三頭政治をおこなった。元老院の反対のために、個々には得られなかった果実を団結して獲得しようとしたのだ。しかし、三頭政治は前五三年のクラッススの戦死で解消し、ポンペイウスとカエサルは正面から対決する運命に導かれた。

実際に、紀元前六〇年代の地中海全域でいちばん有名だった人物はポンペイウスである。ことに軍事では、天才というほかない男であった。ポンペイウスは、アフリカに逃げたスッラの政敵を屠《ほふ》って帰ってきたとき、実力者たるスッラのひきもあって二十五歳の若さで凱旋式をする栄誉を受けたのである。スッラは、カエサルを庇護したマリウスの政敵だった人物である。

ローマは紀元前三世紀から二世紀にかけて、地中海の覇権をめぐって海洋民族フェニキア人の植民市国家カルタゴとの間に三度にわたるポエニ戦争をたたかった。これは、古代の「世界大戦」ともいうべきものだった。この戦争は、双方に英雄を生み出した。

なかでも、第二次戦争でスペインを中心に勢力をはりめぐらしたカルタゴのハンニバルは、イタリア半島まで攻め込みカンネーの戦い（前二一六）などでローマ軍を撃破した。しかし、スキピオ・アフリカヌス（大スキピオ）は退勢を挽回し、ザマの戦い（前二〇二）でハンニバルを破ってローマに勝利をもたらした。このスキピオ・アフリカヌスでさえ、ザマで勝って帰国した年、三十四歳で初めて凱旋式を実現したにすぎない。

ポンペイウスは、スキピオもできなかったローマ史上空前の快挙を、簡単にやってのけた青年なのだ。そこでスッラは冗談半分に、彼を「ポンペイウス・マーニュス」と呼んだ。「大ポンペイウス」というわけである。実際に彼は、エンペラーの語源となる絶対指揮権（インペリウム）を獲得するが、これは年齢や経験を考えるとまことに異例のことであった。

カルタゴ戦の英雄大スキピオは、めざましい武勲で突出しすぎた。ザマの戦いで武勲赫々《かくかく》たる大スキピオは、元老院の保守派から半端でない嫉妬を受け、平時に戻るやたちまち失脚してしまった。英雄をたらいまわしにして、一個人の力を突出させないのがローマのやり方である。カルタゴのハンニバルの方も、その後周囲に疎まれて自殺している（前一八三）。

ポンペイウスの華麗な活動に嫉妬したのは、三頭政治の一角を担うクラッススである。しかし、四十三歳のクラッススには人望がなかった。それでも二人は、紀元前七〇年にはそろって執政官となっている。そのとき、カエサルは何をしていたのか。

カエサルは、塩野七生の巧みな表現を使えば、地位なし金なし権力なしでスッラ死後の情勢に対応できず、事態をポンペイウスのなすがままに任せたほど力も未熟なのであった。良くいえば大器晩成型、悪くいえばプレイボーイの勇名しか馳せていなかったのであり、誰もが重視する逸材とは思えなかった。それだけにカエサルは、人知れずポンペイウスに嫉妬を抱いたとしてもおかしくない。

それにしても、最盛期にポンペイウスが示した軍事的技量の冴えには驚くほかない。地中海全域に跋扈《ばっこ》していた海賊を掃討した手際は、後世の軍略家たちが賞賛した海軍戦略の見本といってもよい。西から東へ作戦実施区域を十三に分けて、逐次作戦をおこなったのである。ようやく海賊の略奪をまぬがれたギリシア人は、ポンペイウスを神とさえ呼んだほどだ。

しかしポンペイウスは、対人関係の態度や懸案の処理法をとっても、若くして成功し失敗も挫折も知らない男にありがちなように、同輩の不幸にも平然と冷酷でいられる男だったのだ（塩野七生『勝者の混迷　ローマ人の物語III』）。

壮年になってもポンペイウスは、体力だけでなく成功に必要なすべてをもっていたかに思える。政治力、軍事力、大衆の支持も、他のすべても彼にはあった。それでも、同輩の嫉妬までは計算に入れていなかったかもしれない。自信家のはまりがちな陥穽《かんせい》である。

彼は、十九世紀スイスの歴史家ブルクハルトのいう、「一人の人物」や「偉大な個人」にもなれた可能性があった。しかし、実際になったのは別の男カエサルだったのである。そのカエサルも、嫉妬と反感のうずまくローマ政治の複雑さに足をからめとられて非業《ひごう》の死をとげた。

カエサルの姪《めい》の子オクタヴィアヌスは、英雄の失敗をつぶさに観察することになった。彼ほど、男の嫉妬のこわさに身を震わせた人間もいまい。前二七年に「アウグストゥス」（尊厳なる者）の名でローマの初代皇帝に推戴されても、オクタヴィアヌスは「プリンケプス」（同輩中の第一人者）といった控えめな称号を終生好んだ。それには十分な理由があったのである。

独裁者の独裁者たる所以

個人的な宿怨や嫉妬を必ず公の世界にもちこみ報復することでは、ヒトラーはじめどの独裁者もソ連のスターリンに及ばないだろう。サッダーム・フセインはさしずめ、小粒なスターリンというところであろうか。

恐怖と独裁のソビエト体制をつくりあげたスターリンといえば、天才的革命家トロツキーに対する嫉妬心がよく知られている。たしかに、党官僚（アパラチキ）を率いた行政家と、世界革命の組織者との関係は好一対である。

しかし、フセインがイラク軍司令官たちを最大のライヴァルと見なして、次から次へと軍人の粛清を繰り返したように、スターリンも第二次世界大戦前夜に大量の赤軍の将星を殺害している。これこそ独ソ戦の初期における、赤軍苦戦の大きな要因となったのだ。

一九三七年六月、八人の赤軍最高幹部が銃殺された。これは、ヒトラーの謀略によって、赤軍の最高指導者があたかもドイツと内通したかのような工作がなされ、それに猜《さい》疑《ぎ》心と嫉妬心の強いスターリンがひっかかったという説も根強い。

この事件は、さながら三世紀、赤壁の戦いの前に呉の最高頭脳ともいうべき周瑜が、魏の水軍力を削いだ謀略戦を思わせる。周瑜は、曹操を猜疑のとりこにするために機密情報をわざと流し、水軍のリーダー蔡瑁《さいぼう》と張允《ちょういん》を処刑させることに成功したのだ。「曹操もまた、スターリン的な要素のある人物」だからというのは、柘植《つげ》久慶《ひさよし》の言である（『名将たちの戦場』）。

赤軍粛清のなかでも、ミハイル・トハチェフスキー元帥の死の背景にはスターリンのどすぐろい嫉妬心が隠れていた。

話は、一九一七年の十月革命でボリシェヴィキ（後のロシア共産党）が権力を掌握した時にさかのぼる。レーニンの率いるボリシェヴィキは、英仏両国にてこ入れされたポーランドを最大の脅威と見なしていた。またポーランドは、世界革命を成功させるカギだったドイツとの間にたちはだかる障害としても目障りであった。

一九二〇年四月、ポーランドはソビエト・ロシアを急襲した。ウクライナのボリシェヴィキ政権が倒れると、モスクワはパニックに陥った。ポーランド軍の進撃を食い止めるのは、西部方面軍と南西部方面軍であったが、三個軍を擁する西部方面軍の指揮をとったのは、二十七歳のトハチェフスキーであった。そして、政治委員（コミサール）として南西部方面軍の実権を握っていた男こそスターリンなのである。

トハチェフスキーの用兵の成功で赤軍が逆襲し、八月に首都ワルシャワの陥落寸前まで追いつめたとき、トハチェフスキーはスターリンに対して、南西部方面軍に使われるはずの騎兵軍のワルシャワ派遣を要求した。すると、スターリンは言を左右にして拒否したのだ。この背景には、スターリンのトハチェフスキーに対する深い敵意がひそんでいた。

スターリンは、ルヴォフの奪取という平凡な作戦にこの騎兵を使って、赤軍の貴重な兵力を分散させ消耗させたにすぎない。ワルシャワ攻略作戦という世界革命の大きなゲームに貴重な手駒を使わなかったのは、戦争が始まってから数ヶ月もの間、この若い将軍が成功を重ねることをそねみ、才能をねたんでいたこと以外に理由はなかった。

トハチェフスキーは、一八九三年二月生まれの天才的な軍人であった。しかも母方が、文豪トルストイの家系につながる名門貴族の血筋を引いていた。アル中のグルジア人靴職人の子スターリンが、いちばん嫌い抜いたタイプといえよう。

当時の赤軍は「軍事専門家」の名目で旧帝国軍人を登用し、その政治的忠誠心を監視する意味で政治委員という制度を設けていた。二人は制度のうえでも対立する宿命にあったのだ。

スターリンは、今また内戦の英雄トロツキーに次いで、若いトハチェフスキーが自分を出し抜いて世界革命のスターになることを許せなかったのだ。毛並みも血筋もよい貴族出身の将軍にワルシャワ占領の功を独り占めさせてなるものか、という気分だったにちがいない。野心的な政治委員スターリンにとって、どこでもよいからワルシャワ以外の大都市を占領しようとしたのは自然な成り行きであった。そこでルヴォフ作戦という、平凡なデザインを描いたわけである。

戦略眼を欠いたポーランド戦争は、ソビエトにとり無惨な失敗に終わった。さすがにレーニンは激怒した。一九二〇年九月に、レーニンの提案によってスターリンは革命軍事評議会の政治委員を罷免されてしまった。こうして、スターリンは、レーニンとトロツキーによってポーランドの赤軍敗北の責任を負わされたのである。

しかし、トハチェフスキーに対する嫉妬心は消えることはなく、スターリンはじっと復讐の機会をうかがうことになるのだ。

勇気あるボリシェヴィキの死

トハチェフスキーの方から、破局の責任がスターリンにあると明言したことは一度もなかった。

それどころかトハチェフスキーは、当時の政治や軍事の情勢を問題にするときは決まって、何らかの形でスターリンらの「約束」に触れるのが常であった。かれらはワルシャワ前面に支援しに来てくれるはずだった、とスターリンの努力をむしろ好意的に批評しようとしたものである。

ドイツ国防軍のある将軍は、「トハチェフスキーとは特別に理解しあえた」と、その高いドイツ語能力と戦史の知識を評価している。

また、三十八歳にして国防大臣代理ともいうべき地位に就いたとき、トハチェフスキーは戦車と飛行機を中心に、途方もない赤軍の現代化と軍備拡張をなしとげた。一九二八年に六十一万七千名を数えただけの赤軍兵力は、三五年になると国境警備師団も含めて二百万を越えるモンスターに変貌していた。トハチェフスキーは、将来のドイツとの戦争でも強烈な打撃を与え、敵を殲滅《せんめつ》できると豪語している。

しかし、一九三一年以降に彗星のように昇進したトハチェフスキーのスター性、赤軍現代化の大きな功績、一流の軍事理論家としての国際的名声などは、スターリンの自負心をいたく傷つけたであろう。これに、旧ロシア帝国軍の毛並みの良い近衛中尉への憎悪と嫉妬が結びつくのは、時間の問題であった。

スターリンは、トハチェフスキーの軍人としての天分に不快感を抱いただけではない。トハチェフスキーの外国文学への造詣や音楽の才能は、玄人はだしであった。ショスタコヴィッチとの交遊はあまりにも有名であった。

知識人たちと対等に議論できる教養とあけすけな交際、女性関係における華麗な成功は、いずれもスターリンにない素質であった。トハチェフスキーは女性によくもてたのである。三度の結婚や多彩な女性関係は、当時の口さがない赤軍将校団のなかでいちばん好まれた話題であろう。しかし彼の艶聞《えんぶん》は、厳格なピューリタン生活を送っていたスターリンの眉をひそませたかもしれない。

もっと本質的なのは、もうすこしでクレムリンの専制君主の地位を最終的に固めようとしていたスターリンにとって、トロツキーの海外追放後、トハチェフスキーが最大のライヴァルとしてのしあがってきたことである。英雄待望論の世界では、将軍はかつてのトロツキー以上にスター性を帯びていたかもしれない（ルドルフ・シュトレビンガー『赤軍大粛清』）。

トハチェフスキーは不注意なことに、野心満々の内面を隠そうとしなかった。彼はある手紙で、自分の約束された未来を誇っていた。自分はいつか「赤いボナパルト」として歴史に残るだろうと断言したのである。彼の相当な野心家ぶりを直感したのは、スターリンだけでなかった。やっかみにはじまった人びとの警戒心が権力への脅威と結びついたとき、トハチェフスキーの運命は決まったのである。

逮捕された将軍は秘密軍法会議で、人びとを震えあがらせる発言を露骨に口にした。「スターリンに言え。奴こそは人民の敵、赤軍の敵だ！」と。いまだかつて、これほど正しく勇気ある法廷証言をしたボリシェヴィキがいただろうか。一九三七年六月、この革命と内戦の英雄はモスクワ中心部のルビャンカで処刑された。

トハチェフスキーは生前に、黙示録的な予言を残していた。「一九四一年春、ファシスト・ドイツは二百個師団に及ぶ兵力でもってソビエト連邦に襲いかかるだろう」。四一年六月二十二日、独ソ戦争が開始された。ドイツは、百八十個師団の兵力で一斉にソビエト国境を越えたのである。

共産主義の後遺症

毛沢東の妬心も、スターリンに劣らぬほど底知れないものだ。

中国共産党の第八回全国代表大会（一九五六）において、劉少奇副主席と鄧小平副首相は、毛沢東が国家主席を辞任するという申し出をそのまま受け入れた。大会前から毛沢東は、国家主席を辞めると周囲に伝えている。もちろん、毛は周囲から慰留され地位にそのまま居座るつもりであった。また、毛沢東による辞任の示唆は、同僚たちの忠誠心をためす政治的戦術でもあった。

劉少奇と鄧小平は、毛のポーズを読み間違えたのだろうか。それとも、知っていながら素知らぬ顔で辞表を受理したのだろうか。明らかに後者であろう。鄧小平は、毛沢東が休養をとりたければ党大会を欠席してもよく、個人崇拝を党はもちこまない、とさえ公言した。傷口に塩をすりこむようなものだ。毛沢東はこの悪意に激怒したことだろう。

そもそも毛沢東の感覚によれば、自分は同僚の上位に立つ第一人者どころか「皇帝」なのであった。対等関係のなかの上位でない以上、二人の後輩のいう集団合議制などはもってのほかであった。このとき毛沢東は、力をつけて台頭してきた二人に、脅威だけでなく嫉妬と警戒心の炎を確実に燃やしたのである。

たしかに毛沢東は、一九五九年に辞任せざるをえなかった。劉少奇が国家主席となったので、中国には主席の肩書をもつ者が二人もいることになったのである。劉少奇は、昨日までの「劉同志」ではなく「劉主席」となった現在、絶大な権限をもつことになった。劉は、毛に相談せずに行動する機会が増えていく。

しかし、これでへこたれる毛ではない。彼は次第に奪権と人民の発動を決意し、劉を追放して決着をつけるまで戦うことを覚悟するようになった。一九六五年に劉少奇が結核にかかったとき、毛は党最高幹部に対する礼遇としての特別医療活動を停止させる措置をとったものだ。何という冷酷な振舞いであろうか。

劉少奇は幸運にも健康を回復したが、毛沢東思想は現実の直視と政策的解決の拠り所とはならず、中国大陸のバラバラの人びとを狂気に導くマントラ（経文）の役割を果たすようになる。

毛沢東の主唱で一九五七年末から始まった大躍進は、工業と農業で高度成長をめざす運動であったが、六〇年には生産が激減し、人類史上でも最悪の飢餓をもたらすことになった。死者の数は、二千五百万から三千万とも、四千三百万ともいわれている。

復讐の機会を狙っていた毛沢東は、劉少奇に第八回大会で自分に辞任を迫った責任を追及するのを忘れなかった。六八年十月に追放された劉少奇は、党の除名、紅衛兵による虐待などを受けて、六九年十一月に重病のまま開封の地で病死した。毛は、劉への嫉妬と憎悪を報復で完結させたのである。

毛沢東にとって、他人の力や人望への嫉妬は異常な性欲とともに、死ぬまで闘争意欲を与える原動力となったのである。六十七歳になっても「毛沢東の性的な欲求は年とともにつよくなっていった」と、側近の医師は回顧している（李志綏『毛沢東の私生活』下）。

嫉妬はジョークではない。とくに平等主義を理想化する社会では、ねたみとそねみがはびこり国の活力を損なったのである。

とくにマルクス主義と共産主義の罪は深い。これは、平等思想の美名のもとで、人間の嫉妬を構造化し、密告や中傷を日常化する体制をつくりだしたからである。北朝鮮はいまでもそうである。自分の努力や力量不足を棚上げにして、人の才能をねたみ成功者を追い落とす政治文化は、スターリンや毛沢東や金日成の体制であだ花を開いたものだ。

憎い敵のことを「妬敵」とはよく言ったものである。北朝鮮はもとより、ロシアや中国も、「妬敵」をすすんで告発した「妬害」の後遺症から完全に立ち直っていない。

第八章　兄弟だからこそ

最悪の嫉妬

ふと、ある事に思い当った。家康も、正信もである。

「あれか？」

「さよう。あれでござる」

家康は、その答えを確めるように、小首を傾《かし》げた。そして破顔一笑した。

「まさか、兄弟の仲だぞ」

「いかさま、左様でござった」

正信は、逆らわなかった。

——妬心《としん》、である。義久が義弘の声名に対する嫉妬。
ありえぬことではなかった。

（『島津奔《はし》る』上）

小説家の池宮彰一郎は、朝鮮出兵の後、徳川家康が伏見城に島津義久を招き弟義弘の武勇をほめちぎった時、家臣の本多正信とともに、島津の当主の鈍い反応に当惑する様子を巧みに描いている。

慶長の役（一五九七〜九八）に参陣した島津義弘は、泗川《サチヨン》の戦いにおいて、わずか六、七千の兵力で二十万にもなる明・朝鮮の軍勢を打ち破った。このとき、明・朝鮮側の死傷者は十万に達したといわれ、島津の戦果こそ全日本軍の半島からの撤退を可能にしたのである。そのうえ島津は殿《しんがり》備えをつとめて、全軍の最後に粛々と朝鮮を後にしたのである。これ以来「石曼子《シーマンズ》」といえば、朝鮮では泣く子も黙る鬼神のように怖れられた。

あまりにも弟義弘の武名が高まったので、兄義久は嫉妬心を抱くほどだった。古今東西の歴史をながめると、嫉妬のせいで戦いに敗れ、国が滅亡した例は数え切れないほど多い。そのなかでも最悪の嫉妬は、兄弟間のものだろう。

もちろん、前五世紀シュラクサイ（シチリア）の僭主《せんしゅ》ヒエロンのように、学芸や寛容を尊重し志操も堅固であり、三人の兄弟ともに嫉妬心を少しも抱かずに睦まじく暮らした者もいる。「僭主」とは非合法に政権を握った独裁者を指すが、もともと悪い意味はなかった。実際にヒエロンは弟たちを心から慈しみ、かれらからも慕われていた。

しかし歴史に多いのは、母さえ毒殺したディオニュシオス一世（前四〇五～三六七在位）のような手合いである。このシュラクサイの僭主は、海戦の折りに兄弟のレプティネスを救えたにもかかわらず、手をこまねいてみすみす戦死させたという。わざわざ敵の手に兄弟を渡したという説さえあるほどだ。同じ国の僭主であっても、ヒエロンとはずいぶん違うものだ（『ギリシア奇談集』）。

日本でも、兄の弟に対する嫉妬はよく記録されている。

中大兄皇子（天智天皇）の大海人皇子（天武天皇）に対する警戒心、源頼朝の義経に対する猜疑心、兵まであげた長尾晴景《はるかげ》の弟・上杉謙信への妬心、母に偏愛された弟の駿河大納言忠長に対する徳川第三代将軍・家光の憎悪などは、弟の実力を恐れ怯えたからだけではない。

同母弟の場合には、親の溺愛を受ける弟に、肉親としてもねたんだのである。頼朝の場合には母の血がつながらない分だけ、弟義経の忠誠心への疑いが憎悪を強めたともいえよう。

両雄並び立たず

島津義久（竜伯）が弟の義弘（惟新）に抱いた感情は複雑なものであった。

二人はわずか二歳しか違わない。義久は豊臣秀吉の九州平定戦争（一五八七）に屈服し、仕事盛りの真っ最中に当主の地位を弟に譲らざるをえなかった。この無念さも理解できなくはない。

とはいえ、義弘も並の武将ではないのだ。大局観と戦略眼にかけては、豊臣徳川時代きっての逸材である。義久は弟の令名がいや増すにつれて、もの狂おしい妬心の虜になったのだろう。厄介なのは、もとはといえば義久も決して凡庸ではなかったことだ。二人の才は拮抗《きっこう》していたのである。祖父忠良は、義久は「総大将たる材徳自ずから備わり」、義弘は「勇武英略をもって傑出す」と評したという。

義久はみだりに動じないのはよいが、豊臣政権には最低限の協力しかせず政治リアリズムの欠如を疑われる面もあった。侍たちも義久にならって「ゆるゆる」とした行動をとり、義弘の上洛費用も出さず、重臣も供に加わろうとしない（山本博文『島津義弘の賭け』）。天下人秀吉のおそろしさを理解できないのは、源頼朝の子孫と自負する家柄自慢の地方大名の限界であろう。

しかし、兄弟の嫉妬は国を危うくしかねない。天下の興廃がかかっている折りに、兄弟牆《かき》に鬩《せめ》ぐようでもあれば、島津の家と領国の安泰はおぼつかないのだ。

事実、義久は朝鮮泗川の役に援兵を送らず、関ヶ原の合戦に際しても上方に兵力の増派を拒んだ。義久は秀吉の朝鮮出陣にも無関心を装ったが、それは「御家を傾ける所行」にほかならない。他の大名家では総力で朝鮮出兵にあたったのに、島津家では義弘だけの事業でしかなかった。

しかも留守中に義弘とその家臣の所領を、留守の義久の家臣が横領する不届きな事件も起きている。

義弘は、豊臣家の奉行にまで取りなしと介入を依頼したほどの危機感をもった。出兵もせず留守で怠ける侍たちが加増にあずかり、汗をかいた武士の所領が没収されるという不条理が起きたのは、義久の意思がはたらいているからだ。義久は不謹慎な家臣を統制する気もなかったのである。

弟に対する兄の嫉妬を助長したのは、周囲にいる家臣団のせいでもあろう。兄弟のいずれが権力を握るかは、自らの栄達や成功にかかわってくるからだ。まさにイアーゴーの科白を借りるなら、「他人の弱点に首を突きこみたがる、時には嫉妬のあまり、そこに在りもしない過ちをこしらえあげてしまう」(『オセロー』)ような性癖を、義久の家臣らはもっていたに違いない。

大局観が国を救う

これは関ヶ原前夜に実際に起こった悲劇なのであり、義久の怠業こそ、薩摩で太閤検地を誘発した原因であった。

島津の二兄弟は、政治危機のとらえ方、豊臣権力との距離感、政治家としての資質においで相当な違いがあった。古い伝統にこりかたまった義久は、部下に気配りをしすぎたが、それでは近世大名に脱皮できない。わずかに義弘の個人技と人望によって、島津の家臣団を統制できたのである。

島津には一万人の動員能力があるのに、関ヶ原に一千余の兵力しか送らなかったというのは、致命的な作戦ミスである。中立といえば聞こえはよいが、天下分け目の大戦に曖昧な立場は許されない。島津義久こと竜伯は、弟へのねたみという情念に狂わされて冷静な政治判断ができなかったのかもしれない。

朝鮮出兵や秀吉の死以降のめまぐるしく変転する情勢に対応できず、新たな権力者と誼《よしみ》も結べないというのなら、大局観の欠如という意味で義久は政治家として失格といわれても仕方がないだろう。しかし、関ヶ原に出征した一千余の軍勢は、義弘を敬慕する千軍万馬の勇士たちであり、いやいやながら上方に動員された者ではなかった。この勇気と結束力が、関ヶ原からの脱出に際して遺憾なく発揮されることになる。

「島津の退《の》き口」として知られる敵中突破の脱出行は、あまりにも有名だろう。家康の東軍のなかを鋒矢《ほうし》の陣形で突破した島津の部隊は、多勢に無勢、最後には八十名を残すだけとなりながら大坂で夫人たちを収容し、堂々と鹿児島に帰国したのである。関ヶ原

を出立するとき義弘が詠んだ歌が、

急ぐなよまた急ぐなよ世の中の定まる風の吹かぬ限りは

というものだった。何という知略と豪胆さであろうか。

結局、石田三成の西軍に与《くみ》しながら、本領安堵と御家安泰を家康からとりつけたのは、関ヶ原から敵中突破の末に帰国した義弘の働きであった。外交交渉は、相手に自分をいかに高く売るかで決まる。古今東西の外交史を見ると、戦争に負けても相手に「こやつは侮れぬ」と思わせた側は、それなりの成果を得ている。

西軍の総大将毛利輝元は関ヶ原合戦で傍観を決めこんだばかりか、本領安堵の空手形を信じて家康に大坂城を明渡してしまった。天下の堅城をやすやすと手に入れた家康には、毛利ごときに義理立てする謂われはなかった。いとも無造作に毛利の領地を百十二万石から三十七万石に減封してしまった。毛利にとっては、後の祭りである。

これとは対照的に、島津義弘とその実子・忠恒（家久）は、国の備えを固め抗戦の構えを崩さずに、家康が約六十万石の本領安堵を保証するまでのらりくらりと交渉を引き延ばし、ついに家康の書付をとりつけたのである。家康の家臣による手紙を素朴に信じた毛利と、駆け引きの末に家康じきじきの文書を入手した島津との違いは明らかである。義弘の政治力には驚くほかない。

それに引き換え、兄義久の妬心は、名門島津を滅亡の瀬戸際まで追いこんだのである。

兄の弟に対する嫉妬の理由を考えると、三点がすぐに浮かぶだろう。第一は、義弘の才幹、軍事的成功と名声が、実績で義久を圧したことである。第二は、豊臣政権が義弘を当主として認め、領国の中心たる薩摩と鹿児島を義弘に与えたことである。第三は、義弘の外交戦略への違和感や上方人脈への羨望が強かっただけでなく、琉球政策も違っていたことである。

兄義久の嫉妬を何とか巧妙にかわした弟義弘の判断力と大局観は、見事というほかない。それは、義弘に備わった複数の才能が合わさった結果というべきだろう。あえてまとめれば、統率者としての人格的感化力、出処進退の見事さ、情報収集と分析の重視、粘り強い外交力ということになろうか。これは現代の政治家にも不可欠の条件ではないだろうか。

兄に殉じた賢弟

島津義久・義弘兄弟と比べると、戦国時代に甲斐（山梨県）を治めた武田信玄と信繁の二人は、シュラクサイのヒエロン兄弟とは違う意味で兄弟間が仲睦まじかった。

江戸中期の儒者、室鳩巣《むろきゅうそう》は『駿台雑話』のなかで、武田信繁を「賢と称すべき人」と誉めちぎっている。晴信（信玄）には、父を駿河（静岡県）に追放して国主になったほど「残忍至極の兄」であったと手厳しい。

『名将言行録』を著した岡谷繁実も、信繁の賢さを絶賛している（第一巻）。偏愛は嫉妬をもたらすというが、信繁は父信虎の偏愛を受けながらも、巧みに兄に仕えてねたみやそねみを避けたというのだ。信虎は、信繁に対して家重代の宝器を一品ずつ与え、晴信を無視した。信繁の賢いところは、父から受け取った品をひそかに兄に恵贈したことである。まさに、信繁が「明哲身を保つ」といわれた所以《ゆえん》である。

しかも、信繁は父を追放した兄のもとに残ることを選んだ。「危難の場」だと覚悟しながら、あえて甲府に残留したのである。その気になれば信繁こそ家督を継げたかもしれなかったのに、迷わずに兄を立てたのだ。

はじめのうちは兄の「嫌疑」を受けたことだろう。しかし、私心なく兄に仕え、兄弟の間には少しも溝ができなかったという。信繁は、朝夕国のために疲労困憊《こんぱい》するほどに働きながら、信玄を主君として敬う節度をくずさず、信玄もついに信頼して疑い嫌う心をもたないようになる。二人は始めから終わりまで一体のようだったと、室鳩巣は褒めそやしている。

信繁こそは、「忠信誠実」で世の中を感動させた人である。一五六一（永禄四）年、川中島（八幡原）で上杉謙信と武田信玄の両軍が激突した戦いは、講談や詩吟を通して日本の庶民の想像力を豊かにしてきた。霧の彼方から武田の本陣に迫ってきた上杉謙信の攻勢を支え、身を挺して信玄を救うために奮戦し死んだのは信繁であった。

「自分はお屋形から厚い恩を受けた者だから、もしお屋形に一大事が起きれば、真っ先に進んで討ち死にしよう」と日頃述べていた通りになった。信繁はいつも君辱めらるれば臣死すの義を力説していたというから、この戦死は覚悟のものであった。兄の信玄は改めて信繁の忠誠心と律儀さに感動したことであろう。

信繁は、子どもたちに戒めの言を残している。九十九条のうち、よく知られているのは三つである（『駿台雑話』）。

一、海が野となり、野が海となっても、未来永劫主君に二心を抱いてはならない。

二、どれほど親しくしていただいても、奥方らの起居される場所に出入りしてはならない。

三、一同会話していても、もし好色の話題になれば、そっと目立たぬように席を立つべきである。

信繁の戒めには、主君から疑いをかけられたなら決して弁解してはならない、ともあった。室鳩巣は、易経にいう「剛を知り柔を知るは万人の望み」とは、さながら信繁にあてはまるのではと激賞する。もし早くから信繁を武田の後継者にしていたなら、その家は滅びなかったとも明言するのだ。よほど武田信繁が好きだったのだろう。

ある和尚《おしょう》は信繁について、「文あり、武あり、礼あり、義あり」と記したという。まことに信繁は人から嫌われるたちではなかったのだ。また、当人も兄信玄や家臣をそねむことはなかったに違いない。

武田信繁に似たタイプとして、豊臣秀吉の異父弟秀長、徳川家光の異母弟保科正之を挙げることができる。秀長も兄によく従う賢弟であったが、おしむらくは信繁のように兄より先に急逝したのである。

豊臣秀吉が死ぬと、淀君と秀頼は家を治められず、家臣団は四分五裂してしまい家は滅亡してしまった。わずかに家光の命を受けた保科正之だけが、嫉妬や羨望も受けずに甥の四代将軍家綱をよく補佐し、徳川十五代の治世を盤石のものにしたのである。これについては終章で語ることにしよう。

第九章　相容れない者たち

誰が英雄を殺したか

一八八五年一月二十六日、ゴードン将軍の守備するハルトゥームの街は、ついにイスラーム急進派の攻撃の前に陥落した。

青ナイルと白ナイルの合流点のすぐ南にあるハルトゥームは、十九世紀のエジプト支配期にスーダンの中心地となった。十八世紀末のナポレオンのエジプト侵入後、大きな混乱を収拾してオスマン帝国からの自立をはかったのは、ナポレオンと同じ一七六九年に生まれたムハンマド・アリーである。その王朝は、形式的にはオスマン帝国に属しており君主も「副王」と呼ばれたが、シリア方面への発展に失敗すると、ひたすら南方の紅海やスーダンに向かって領土を拡大した。

しかし、ムハンマド・アリーの子孫は贅沢三昧《ぜいたくざんまい》にふけり、英仏など外国から多額の借金をする毎日であった。孫の副王イスマーイールの時代にはスエズ運河を開削する一方、巨額の借金のために破産している。その後、一八八二年に民族主義者たちが反乱を起こすと、イギリスは利権保護のためにエジプトを占領し、続けてスーダンをも占領下においたのであった。

結局、エジプトはイギリスの事実上の保護国となった。しかし複雑なことに、エジプトの宗主国は相変わらずオスマン帝国であり、イスタンブールのスルタンが「大王」というわけであった。また、エジプトはスーダンを支配していたので、この地も一八八二年以降イギリスに支配されるという、入れ子状の従属関係が成立したのである。

スーダンのイスラーム急進派を率いたムハンマド・アフマドは、一八八一年にマフディー（救世主）を称し、エジプトやイギリスの支配に武力で抵抗を始めた。その大攻勢の前に、かつて中国で太平天国軍を押し返した男が立ちはだかった。しかし、この人物は孤立無援のままに斃死《へいし》する運命となったのである。この悲劇は、チャールトン・ヘストン主演の映画『カーツーム』（一九六六）で日本でも有名となった。

勇者の名は、チャールズ・ゴードン。エジプトのムハンマド・アリー王朝は行政や軍事のために外国人を雇っていたが、イギリス人のゴードンもその一人であった。クリミア戦争に従軍し、常勝軍の指揮者として中国の太平天国の乱を鎮圧した人物である。

十九世紀のゴードンは二十世紀のアラビアのロレンスとともに、イギリス人の心をもっとも揺さぶった英雄である。ゴードンを死に追いやった原因をめぐって、イギリス内外ですぐに大きな論争が起きた。

ゴードン将軍をひとりで危険な土地に送ったのは誰なのか。誰が彼を孤立へ追いやり、誰が救援を妨げたのか。また、悪意ある人間は誰であり、ゴードンの名声を嫉妬したのは誰だったのだろうか。もっと簡単にいえばこういうことだ。「事の背後で糸を操りゴードンを破滅に追いやったのは一体誰の手だったのか」と(W・S・ブラント『ハルツームのゴードン』)。

悲劇のちょうど一年ほど前、イギリス政府はかつてエジプト副王イスマーイールのもとでスーダン総督をつとめたゴードンを、現地に再び派遣することを決めた。ハルトゥームで孤立したエジプト軍の撤退をはかり、スーダンに平和と秩序を打ち立てるために、イギリスの世論は英雄のカムバックを強く望んだからだ。

最初は旧主のエジプト副王に任命された形をとったにせよ、実態はちがっている。ゴードンは、途中で事実上イギリスの官吏となり、その訓令を受けるようになっていた。なぜなら、イギリスは当時のエジプトを事実上支配していたからだ。この曖昧な立場こそ、ゴードンの悲劇の発端だったのである。

イギリスは、将来のスーダンをエジプトから切り離して独立国家とし、「民族政府」をつくって統治にあたることを考えていた。その青写真を描いたのは、カイロ駐在総領事のイーヴリン・ベアリング卿である。後のクローマー伯爵にほかならない。

たしかにベアリングこそ、ゴードンを派遣してスーダンからエジプト軍や外国人を、マフディーの反乱が及ばない安全な地域まで撤退させようとした立役者なのであった。

東洋に対する感性

ゴードンとベアリングが初めて会ったのは、一八七八年のことだったらしい。副王の庞大な借金返済の責任者に任じられたゴードンは、よりによってシティ（金融・商業の中心地）の銀行家一族、ベアリング兄弟の一人でもある総領事と、柄にもなく値引き交渉をはじめた。

生涯独身を通し潔癖なキリスト教徒だったゴードンは、金銭に淡泊だっただけでなく、副王の周辺に寄生する外国人たちを嫌悪していた。この「尊大で、気取った、横柄なところがある」ベアリングを生理的に嫌いになるまで、さして時間はかからなかった。二人は、水と油のように、互いに親しく交われないことを悟ったのである。

ゴードンには、副王の名をだせば借金は帳消しになると思い込む幼稚さがあった。ヴィクトリア女王が借金返済を「少し待ってくれないかしら」と懇願するのに、拒否するジェントルマンがいるだろうか、といいたげなのだ。

ベアリングは違っていた。一族の血を引いたベアリングは、自らは清廉かつ慎重な人間でありながら、相当な金額を操作する度胸もあり、いろいろな事件が国家の財政状態に及ぼす影響を想像できる力をもっていた。

ゴードンには東洋の「でたらめさ」を理解できる経験と不幸な人びとへの同情心もあったが、ベアリングはインドやエジプトの経験がありながら東洋の心に共感しようとしなかった。一九〇一年に『ゴルドン将軍伝』を書いた徳冨蘆花は、スーダンの奥の「一布肌を覆はざる土民も己が同胞なる」と共感したゴードンこそ、もし日本で生まれていたなら台湾総督にうってつけだったとやや頓珍漢《とんちんかん》な讃辞を呈している。

しかし実際のゴードンは、負債の帳消しという任ではない仕事に嫌気がさし、まもなくアフリカの地からも離れてしまった。戦争や危機が去ってしまった後に世界を支配するのは官僚だということを痛切に思い知らされた人は、世界史にどれほど多かったであろうか。ゴードンもその一人である。

一八五三年にロシアとオスマン帝国間に起きたクリミア戦争で初陣を飾ったゴードンは、一八六〇年に中国のイギリス軍の一員として北京の攻略に参加し、太平天国と戦う義勇軍を指導したものだ。二十九歳の若さでアジア人の部隊を指揮した誉れが幕末混乱期の日本で発揮されなかったことは、日本人にとって幸いであった。

他方ベアリングこそ、まさに官僚中の官僚であった。エジプトは形式上オスマン帝国の属州であったので、大使ではなく「イギリス使節にして総領事」の肩書を使わざるをえなかった。しかし、クローマー伯爵となるベアリングこそ、エジプトの最高支配者にほかならなかった。ちなみにクローマーは、韓国統監だった伊藤博文が植民地政策について助言を仰いだ人物でもあった。

ベアリングはゴードンより八歳年少であり、彼ほどの知名度はなかったにせよ、本国と植民地を結びつけるエスタブリッシュメントに属していたのである。

洗練と秩序

ゴードンには、ありあまるほどのスター性があった。しかし、スターは官僚のしきたりを守る条件を備えているとは限らない。むしろ逆であろう。

教養と知性と本能の力で冷静に規律を守ろうとしたベアリングにとって、ゴードンのように中国とスーダンを股にかけて活躍した英雄は、風変わりに違いなかった。とはいえ、最初のうちは格別に反感をかきたてるものは少なかったはずである。

エジプトのように無秩序かつ熱狂的な世界において、むしろ初めに違和感をあらわにしたのはベアリングでなくゴードンの方だったかもしれない。落ち着きと特権を洗練された仕草にさりげなく隠したベアリングの属する世界は、ゴードンになじみがないばかりか、反感をそそるものであった。エスタブリッシュメントへの反撥は、膠《にかわ》と漆《うるし》のようにくっついていた。

ベアリングの判を捺《お》すように精密な時間を繰り返す日々は、中国やエジプトの咆哮《ほうこう》や喧噪と向かいあう毎日を過ごしたゴードンには無縁のものだった。ベアリングは午前中には役所でデスクに向かい、夜はカイロのヨーロッパ人社交界で過ごしたものである。

この規則正しさは、官僚のトップに上りつめる人間には自然であっても、ゴードンには無縁のものであった。また、ベアリングの下僚や部外者にとっては、羨望と嫉妬を招くものだった。口さがないカイロの一同僚は次のように評した。

「忍耐は美徳」とは世間に広く言われること、

だが忍耐の限度測定材料とされたのでは、

いかにエジプト人にしても呻《うめ》きながら言うだろう、

「過度の忍耐《ベアリング》は悪徳」と。

これは、洗練された悪意から出た言葉ではないだろうか。嫉妬と偏見から出た表現と述べる人もいた。英語の bearing は Baring と同じ音であり、双方をかけたのだろうが、「ベアリング卿の中には悪魔がひそむ」くらいの意味だろうと英文学者の篠田一士《はじめ》は解釈している。

しかし、この嫉妬心は公平とはいえない。ベアリングの敵であり、エジプト民族運動に同情的だったイギリス人評論家のブラントでさえ、彼は才気煥発とまでいかなくても独創性をもち、秘密主義もなく嘘をつかずおもねったりもしなかったと評価している。時間の極端な節約癖や豊かな想像力の欠如は、マイナスにはちがいない。しかし「長所も裏返せば短所」というフランスの諺《ことわざ》は、逆もまた真なりというべきだろう（『ハルツームのゴードン』）。

冒険心と潔癖さ

他方、ゴードンは生涯を通して結婚や社交を斥《しりぞ》けた。それは人間を台なしにする営みだと考えた。少年たちの訓練や教育に関心を寄せたとしても、それは性的な動機からではなかったらしい。「アラビアのロレンス」と違って、彼には同性愛への嗜好《しこう》があったとは思えないのである。

ゴードンは、マフディーのイスラーム反乱軍に包囲され悲劇の日が迫っても、ベアリングのように理性的な判断や文書の手続きによって危機を乗り切る芸をもちあわせていなかった。ゴードンは強情であり、ベアリングの助言を無視して冒険に走りがちだった。

しばしば自家撞着を繰り返す電報の洪水はゴードンの得意芸であったが、公正かつ鋭敏にして辛抱強かったのはベアリングの方なのである。ベアリングは、しばしば自家撞着をおこす電報の束を慎重によりわけ、答えの必要な電報にまとめて返事をすることでゴードンの性急さに対処した。

しかし、ベアリングは分別をもち高潔な人物であっても、のびのびとした自然さを欠いていたかもしれない。反対に、ゴードンは物事の真実を直観的に見抜く能力に恵まれていた。

ベアリングに対する、伝記作者ムアヘッドの評言は正しいだろう。彼の生きた世界は、用心に用心を重ね、安全な消極性を金科玉条とする官僚の世界であった。それは、人から嫉妬を受けずに自分の実力を示し、卓越した技術を競い合う世界だったのである（『白ナイル』）。

ゴードンはそうではない。自分の作戦の正しさを部下や同僚に押しつける野戦の指揮官は、平時ともなると思わず知らず反感を買い、その才気はいつも他人の反感やねたみにさらされるものなのだ。組織との関係でいえばゴードンに分はなく、ベアリングに軍配があがる。しかし、二人に距離をおく世評は別である。人はいつも悲劇のスターを求めるものなのだ。

そのうえゴードンには、人を安易に寄せ付けない自負心や静かな自信があった。官僚と軍人が互いにもちがちな不信と侮蔑も、二人の関係をむずかしいものとした。とりわけゴードンの潔癖さは、ベアリングにもいちばん処理が厄介であった。

欧米人と中東人とを問わずに、山師や投機家にたかられる一方だったエジプト副王イスマーイールは、かつてゴードンが前任者と同じ年俸を辞退したのを、増額を求める駆け引きではないかと疑ったことさえある。金にきれいな西洋人などいるはずもないと信じていたからだ。前任者は経費を別にして年俸一万ポンドという法外なカネをうけとり、四年の雇用期間が終わったときには、まるまる四万ポンドが手つかずに銀行に積立てられていたという。

ゴードンは、年俸をわずか二千ポンドで十分だと答えたのだ。カイロの外国人給与相場のダンピングは、関係者の間にパニックをひきおこした。これでは、エジプト人の血を吸っていたトルコ人やチェルケス人やアルメニア人といった寄生貴族だけでなく、イギリス人はじめ欧米人からも嫌われたことだろう（『ハルツームのゴードン』）。

民衆が求めるもの

ゴードンは、さながら二十世紀の「アラビアのロレンス」と同じように、矛盾にみちた複雑な性格をもつ人物であった。ゴードンは、赤裸々に内心を吐露したこともある。「世の中に私ほど気の変わりやすい男はいない」と。

これは誇張にすぎるにせよ、彼のなかには二つの相対立する要素が存在したかもしれない。その一つは、実際的な仕事について透徹した明晰さをもって何をなすべきか、いかに果たせるのかを瞬時に見抜く天性の軍人的直感である。もう一つは、現世というよりも見えない世界の霊の力にひかれる神秘主義者として、運命を信じるキリスト教信者の敬虔さである。

ベアリングは、部下をほめることで自分を際立たせる技術にたけていたという。この点では、プルタルコスの教訓をよく咀嚼《そしやく》していたといえよう。こうしたベアリングが、ゴードンにあからさまに嫉妬を表すはずもなかった。とはいえ、対等のパートナーとして認めない冷ややかな無視は、辣腕《らつわん》官僚の心の奥底にあるスター軍人へのやっかみをオブラートで包んでいた。

晩年のベアリングは、ゴードンが絶えず計画を変更し、本国の命令に従わず、任務遂行に失敗した上に敗北する原因を自分でつくったと公言した。クローマー伯爵となった後に出版した『モダン・エジプト』（一九〇八）は、ゴードン支援の任務に自分が不適当だったと考証しながら、政治責任を免れようとした弁明の書である。ついでにいえば、この書物は、『最近埃及《エジプト》』の訳名で一九一一年に大日本文明協会から刊行され、会長の大隈重信が序を寄せている。

たしかに、ベアリングにとって軍事冒険はうんざりするものだった。ゴードンがハルトゥームから安全なナイルの北部地域まで撤退せずに、危険なハルトゥームに留まり続けたのはなぜなのか。すべてゴードンの自業自得ではないだろうか。こみあげてくる感情を必死に抑えながら、ベアリングはそう述べたかったのだろう。

しかし結局のところ、油と水が融解しないように、不信の眼と押し隠した嫉妬心で静かに見つめあっていた二人の男がいたという事実は、どちらの立場に与しても消えないだろう。しかし、いつの時代も世論は悲劇の英雄に分を認めるのだ。たとえ失敗したとしても、その理非を問おうとしない。

ゴードンは、イギリスの国民は誠実であるが、外交官はそうでないと述べたことがある。かれらは「岩だぬき」だというのである。覇気がないくせに狡猾な連中（『旧約聖書』箴言30：24－28）を意味する「岩だぬき」ほど、ベアリングその人を指すにふさわしい表現もないといえば、ベアリングに酷にすぎるであろうか。

終　章　嫉妬されなかった男

口を慎む

嫉妬を避けるのに便法はない。あまり人の嫉妬を意識しすぎると、おのずから生き方も退嬰《たいえい》的になってしまう。思わず知らず、事なかれ主義となり、活力も奪われてしまうのだ。

大事なことは、人を言葉で刺激しないことである。いつも無口で不快な奴だと思われても、人のねたみを受けないためには、思った感想や考えをすぐ口に出さないことである。「沈黙は金なり」とはやはり至言なのだ。前五世紀のアテネ民主政の指導者ペリクレスは、民衆の癇《かん》に触りそうな発言や、自分が嫌味な奴だと思われる言葉が口から出ないように神に祈っていたといわれる。

嫉妬を受けないための工夫を歴史に求めると、いやになるほど消極的な智恵しか出てこない。たとえば、ある人物が後継者を定めたときに、やっかみは後任だけに向けられるとは限らない。むしろ嫉妬の眼差しが二人に注がれて、組織がだいなしになることも珍しくない。

史実ではないが、ソーントン・ワイルダーの小説『サン・ルイス・レイ橋』の尼院長が、後継者としてペピータに目をつけ育てるやり方は賢い一例だろう。

天才教育というものはいつの時代にもじつに困難なものだが、殊に修道院のように、誰もがやたらに敏感で嫉妬のさかんな環境においてこれを実行しようとするならば、普通思いもよらないような廻りくどい方法によらねばならない。

尼院長はペピータに、まず人の一番いやがる仕事をあてがった。そしてペピータは、院長のお供を命じられたばかりでない。宗教体験に加えて、女性を統御する方法、伝染病舎の計画、寄付金の集め方などをそれとなく教えられたのである。

自らいろいろな苦労を進んでかぶり、仕事を買って出るのは、人にやっかまれない工夫の捷径《しょうけい》にほかならない。これは、官僚や会社員の世界におけるキャリア・パス（多くの仕事を身につける順番）でいう「薪《まき》割り水汲み」にも似ているだろうか。

能ある鷹は……

自分の本当の力や真意を外に出すと必ず嫉妬の視線にさらされる。戦前の日本陸軍で、一貫して出世コースを歩んだ人間の一人に杉山元《はじめ》がいる。

杉山元帥は、能力を決して表に出そうとしなかった。同僚や部下の青年将校から、「ボケ元」や「グズ元」のあだ名が奉られたほどだ。終戦直後に夫妻で自決する時もグズグズしていたので、杉山元・元・元帥は、凜《りん》とした夫人に「あなた、お覚悟を！」と迫られたらしい。

また、「ドア」というあだ名もあった。強く押すと開く。部下が強硬に迫れば要求が通るからである。ひどいのは、「便所の戸」という言い方もあったらしい。陸軍兵舎の大便所は、内と外の両側へ開くようになっていたようだ。向こうから押せばこちらがわに、こちらから押せば向こうがわに開く。つまり定見がなかったと言うのだろう。

陸軍には杉山を警戒する人間は少なかった。一九三八（昭和十三）年の近衛文麿による内閣改造で陸軍大臣を追われたのは、もともと日中戦争の拡大に反対だったのに、陸軍の大勢に押されて主体性を欠いた定見の無さを近衛が嫌ったからだといわれる。

しかし「ボケ元」はそれほど単純な男ではない。自分を陸相から罷免せんとする近衛らの策謀を、ちゃんと知っていたからだ。近衛の真意を読み空とぼけながら政治状況に対応していったあたりに、杉山の凄みがあるのである。端倪《たんげい》すべからざる能吏なのだ。もっとも、軍の権力者がこの程度の保身術で昭和の激動期を生き抜けたのだから、日本がダメになったともいえよう。

日本の社会では、すぐ圭角《けいかく》や感情を表に出す人物は絶対に出世できない。杉山の茫洋《ぼうよう》とした態度は、すべて緻密な計算の上になりたつ保身術からきていた。それでいて、勝負に出るときは度胸もあった。杉山は、石原莞爾を中央から追放し復活させなかった立役者のひとりである。

杉山のように、粘り強くハラを見せない人間は、現代のわれわれの周りにも必ずいるにちがいない。彼はなんと、陸軍大臣・参謀総長・教育総監という陸軍三長官職をすべて経験した稀有《けう》な存在である。石原は三つのどれ一つとして経験せず、東条でさえ教育総監をしていない。それでいて杉山は、どうやら目立った嫉妬や反感を受けた様子は見当たらない（『東條英機』上）。

石原がすさまじいねたみやそねみを受けた代表格だとすれば、終戦時に南方軍総司令官だった寺内寿一は正反対であろう。父が寺内正毅元首相で、お坊ちゃん育ちの伯爵とくれば、その貴族性や細密な気配りに一般人は嫉妬しようもなかっただろう。下士官兵に人気があった寺内は、何をしても嫉妬を受けなかったらしい。

だいたい、寺内には飄逸なところがある。彼は、職業としてホテルのマネージャーをやってみたいと語ったこともあった。「あれはなかなか難しい仕事だと思うが、私は自信がある。是非やってみたい」（上法快男《じょうほうよしお》編『元帥寺内寿一』）。これほど軍人離れした通人肌の男など、そういるものでない。破格すぎて人にやっかまれる余地もなかったにちがいない。それでも東条だけは寺内に嫉妬していた形跡もあるから、東条も徹底している。

誰もが杉山や寺内のように、演技や地で他人のねたみをかわせるわけではない。しかし、杉山の事例などは、あまりにも事なかれに徹する日本人の縮図の、悪い面を見る思いがしてならない。

たしかに、いちばん簡単なのは、不必要な交わりの場所や人との付き合いから遠ざかることである。誰が何を言おうと、可能な限り自分の仕事の世界だけに閉じこもるのが簡単なのだ。もちろん、他人のあれこれを評してはならない。やっかみを受けないとは、身近なところで目立たないということに通じる。

知足の人

いったい世界史で大きな業績や成果を上げながら、嫉妬を受けない人物などがいたのであろうか。奇跡的にも、それが実際にいたのである。しかもお膝元の日本史にいたのだ。その人物とは、徳川三代将軍家光の庶弟・保科正之（一六一一～七二）である。

そもそも、保科肥後守正之は『老子道徳経』にいう知足の人であった。「みずから勝つ者は強く、足るを知る者は富む」というのは、克己心と知足の精神を説いた教えにほかならない。正之は、武力による強さや金穀の豊かさを誇らず、いまある自分の姿に満足し、引きまわしてくれた周辺の人びとに感謝の心を忘れなかった人物である。

謙抑は、人に嫉妬心を起こさせない条件であろう。徳川二代将軍秀忠の子だったにもかかわらず、武田信玄の娘などの配慮で、武田家の遺臣、高遠城主保科正光の養子として育てられた。これは母お静と秀忠との関係を嗅《か》ぎつけた正室於江与《おえよ》の、嫉妬の狂気を避けるためであった。

母や他の女性たちの愛情や慈しみで育てられた正之は、人への感謝を忘れない謙虚な人間に育っていった。これこそ奥ゆかしい人格をつくりあげ、やがて正之を最高権力者の座に押しあげてゆく要因となったのだ。そして、他人から功をねたまれない稀有の政治家に成長したのである。

実弟の駿河大納言忠長を自死に追いこんだ三代将軍家光にとって、異母弟正之の存在を知ったとき、その心境は複雑だったにちがいない。パクス・トクガワーナ（徳川の平和）を盤石にするためとはいえ、同腹の弟を自害させた家光は、そこはかとない寂寥感に襲われていたからだ。

初期のオスマン帝国のように、後継スルタンの地位をめぐってフラトリサイド（兄弟殺し）が合理化されていた王朝とは違うのだ。一門が一致結束して宗家をもりたてるのが、北条や足利など日本の武家政権の伝統であった。

徳川政権には、家康の実子たちの血を引く御三家が睨みをきかしていた。家光としては、幼君家綱を補佐する宗家の柱石が是非とも欲しいところであった。万事につけて野心家だった忠長と違って、妬心とは無縁で己の分を知る正之は幼君輔弼《ほひつ》の任にうってつけの人材であった。

忠長は、「加増の上百万石の封土を頂くか、あるいは大坂城を頂戴したい」と無理難題を秀忠に迫ったほど我儘《わがまま》であった。無欲恬淡とした正之を、家光が肉親としていとおしく思ったとしても当然であったろう。

家光に引き立てられ、会津二十三万石（別に預かり高が五万石）の大封を得た後も、正之の忠誠心には狎《な》れるところがなかった。将軍の実弟でありながら、君臣の分（君主と臣下の守るべき関係）を忘れない点こそ重要なのである。

現代の企業でも、同族経営の場合にオーナー社長の傍らに兄弟や肉親がいることは珍しくない。しかし組織のなかでは、弟や叔父であっても社長としての兄や甥に仕えるという、けじめをつける必要があるのだ。さもなければ、たがいの競争心とやっかみが家や会社を破滅に追いこみかねない。兄弟や家族による公私のけじめのなさ、互いの相克と嫉妬心は、組織が麻の如く乱れるもとになる。

まだ正之が菊間縁頬《えんぽお》詰めという格式の低い席次だったとき、その血筋を知った大名たちが正之を部屋の上座に招こうとしても、いつものように畳廊下の縁頬（縁側）に莞爾として坐ったままだった。大名たちは困惑して正之の背後に回りはじめたので、縁頬は大名の人波であふれかえり、室内はがらんとしてしまう奇観が生じたという。

正之が幕閣に参画しても、大老や老中を務める譜代大名のエリート、たとえば井伊直孝、酒井忠勝、松平信綱といった創業の功臣に対して、将軍の庶弟や叔父として振る舞うことは少しもなかった。驕り高ぶらなかったことは、かれらが正之に反感を抱かなかった大きな要因である。

大老でもなく老中首座でもない正之は、幕府の公式職制にない補佐の役目を担ったのである。「将軍補佐役」という公式の発令があったわけでなく、将軍の信頼を受けた正之の人格と能力に、幕府の最高エリートが心服したのだ。

時代に先駆けた善政

将軍だけでなく、重役からもねたまれなかった正之は、天性の素質で組織の何たるかを会得した稀有の人物といってもよい。

周囲の信頼を得た正之に対して、将軍家光が臨終の際に「託孤の遺命」を下したのも当然であろう。これは、残された幼児を託されたという意味である。事実、正之は家綱が四代将軍職を継いでから国元はもとより、しばらく藩邸にも帰らずに、千代田の城中で一心不乱に執務と将軍補佐の任にあたった。

正之の輔育のよろしきを得て、家綱は穏和ながらバランス感覚に富んだ為政者として成長していった。もし家綱がいま少し長らえていたならば、偏執狂じみた五代将軍の綱吉は歴史の表舞台に登場しなかったかもしれない。そして、正之らが努力した改革が、徳川中期の日本政治に余裕と潤いを与えていたはずである。

生類憐れみの令という稀代の悪法で人心を惑わし、柳沢吉保や隆光大僧正などの胡乱《うろん》な人物を登用した綱吉の側用人《そばようにん》政治と、保科正之を中心に成功した家綱の合議政治を比較すると、なおのことその感を強くするのである。

家綱政権の「三大美事」ともいうべき末期養子（重病危篤に際し急遽願い出た養子）の禁の緩和、江戸の大名の人質を置く制度の廃止、殉死の禁止は、正之の政策なのである。また、玉川上水開削の建議だけでなく、明暦の大火直後に江戸復興計画を立案し迅速に実行した首都整備こそ大きな仕事であろう。しかも、江戸城天守閣を無用の長物として再建させなかった判断も誉められてよい。

会津藩主としても、幕府より早く殉死を禁じたことや、年貢米を四割三分に切り下げ社倉《しやそう》制度を創設したことなど、社会福祉政策でも素晴らしい業績をあげている。社倉とは飢饉に備えた穀物倉庫であり、以後の会津藩領では飢饉の年にも餓死者が出なかったらしい。しかも社倉米は、災害見舞の他に新田開発の褒美や農民への褒賞など、謝礼や労賃としても用いられた。

身分男女の別を問わずに、九十歳以上の者に終生一日につき玄米五合を給付した事業は、日本最初の「国民年金制度」といってもよいだろう。間引きの禁止や救急医療制度の創設も、衛生福祉の向上にどれだけ貢献したか分からない（中村彰彦『保科正之』）。

保科正之は、社会保障制度や罪刑法定主義にもつながる施策にも見られるように、ヒューマニティーあふれる政治家であった。

保科家が入部するまで会津藩の刑罰は、戦国の殺伐《さつばつ》たる気風を受け継いで、牛裂き、釜茹《かまゆ》で、松明焙《たいまつあぶ》りといった、名前だけでも実情が想像できそうな苛酷な処刑がおこなわれていた。正之は、刑をもてあそぶことを批判し、残忍な刑を禁止したのである。十七世紀の保科正之は、十八世紀イタリアのベッカリーアが『犯罪と刑罰』で主張した罪刑法定主義の精神を、いちはやく実践していたといってもよい。すでに正之は、ベッカリーアよりも一世紀も早く罪人の人権に配慮していたのだ。

また、「負わせ高」なる悪税を廃止したのも正之らしい。これは、耕作不可能な土地にも課税する制度であったが、百姓の難儀を見かねてこれを廃止すると、農民が「隠田《おんでん》」（検地のときに申告しなかった隠し田）の秘密を告白し、かえって税収が増大したというのだ。ひたむきな心で接すれば領民も心を開くというのが、孟子の性善説を信奉する正之の統治理念だったのである。

十七世紀のヨーロッパに、これほどの仁慈とヒューマニティーにあふれた領主がどれほどいただろうか。

たやすい嫉妬、もち難い勇気

これだけ有能な為政者であれば、やっかみの声が一つ二つ聞こえてきても不思議はないのに、正之にはなかったらしい。その大きな理由は、正之が嘘をつかない政治家だったからである。

政治家は、在任期間中にいろいろな人間と折衝する。あれは嘘をいわない人間だという定評ができると、成果のあれこれに嫉妬を抱かれる確率は少なくなる。とくに主君に嘘をつくことは、どれほど些細であっても許されないというのが、正之の信念だった。

ある日のこと、将軍家の猟場で鷹狩りを許された正之は、翌日さっそくに登城して雁二羽を献上した。獲物は二羽だけだったと正直に言上すると、家光は自分の好意が通じなかったと解したらしく、不機嫌になった。このあたりが家光の我儘なところだ。酒井忠勝は、お上を満足させるには「獲物の一部にすぎません」などと、物にも言い様があろうと注意した。すると正之は、「こと小なりといえどお上をあざむく罪は大なるものと信じておりますので、かくは申し上げたのです」と答えたという。

ここまで気性がまっすぐな人間に嫉妬する同僚は少ないだろう。主人に忠誠を尽すだけでなく、人との信義に篤く嘘をつかないことは、古今東西を問わず政治の世界で嫉妬を受けない大きな条件かもしれない。

注意すべきは、一時の嫉妬を恐れるあまり、自分が国を愛することでは人後に落ちず金銭の誘惑にも負けない人間だと、威厳や赤心を示すのを忘れてしまうことである。時には勇気をもっておのれを語らなくてはならない。そこには、ごまかしや空虚さや名誉欲がつけいる余地はない。反対に、高潔な精神やすぐれた性格が見事に示されるだろう。

アテナイの民主政治家ペリクレスや保科正之のような偉人は、自らを卑しめないことで、かえって他人のそねみを卑しめ、ねたみを克服してしまっているのだ。こうなると、口さがない人びとでさえ、かれらをあれこれ批判するのを気恥ずかしく思ったはずである。

さらに、人のねたみを受けたくないからといって、他人に中傷され非難されたときに、いたずらに沈黙を守り意味不明な笑いを浮かべるようでは、人間としての尊厳に欠けるというものだ。こうした人物は嫉妬を受けずとも、軽侮されることは請け合いである。ときには、ペリクレスのように、弁明のなかで毅然として自分の正当性を主張する勇気と自信も必要になるだろう。

しかし、嫉妬は驚くほどたやすいのに、勇気を発揮することはむずかしいものなのだ。

【主要参照文献】（おおむね本書で依拠した順番）

松本幸四郎、水落潔『幸四郎の見果てぬ夢』（毎日新聞社、一九九六年）

白川静『字訓』普及版（平凡社、一九九五年）

白川静『字統』普及版（平凡社、一九九四年）

アイリアノス著、松平千秋・中務哲郎訳『ギリシア奇談集』（岩波文庫、一九八九年）

プルタルコス著、柳沼重剛訳「人から憎まれずに自分をほめること」『饒舌について』（岩波文庫、一九八五年）

シェイクスピア著、福田恆存訳『オセロー』（新潮文庫、一九七三年）

塩野七生『ユリウス・カエサル　ルビコン以前　ローマ人の物語Ⅳ』（新潮社、一九九五年）

堀新「高家筆頭吉良義央は羨望と嫉妬の的だった」『ＡＥＲＡ　Ｍｏｏｋ　元禄時代がわかる。』（朝日新聞社、一九九八年）

佐藤孔亮『「忠臣蔵事件」の真相』（平凡社新書、二〇〇三年）

イブン・ハルドゥーン著、森本公誠訳『歴史序説』第二巻（岩波文庫、二〇〇一年）

巌本善治編『増補海舟座談』（岩波文庫、一九八〇年）

佐藤次高『イスラームの「英雄」サラディン』（講談社選書メチエ、一九九六年）

竹田晃『三国志の英傑』（講談社現代新書、一九九〇年）
芳即正『島津久光と明治維新――久光はなぜ、討幕を決意したか』（新人物往来社、二〇〇二年）
江藤淳『南洲残影』（文藝春秋、一九九八年）
司馬遷著、小竹文夫・小竹武夫訳「史記」『世界文学大系』第五巻（筑摩書房、一九六二年）
大谷晃一『鷗外、屈辱に死す』（編集工房ノア、二〇〇〇年）
松本清張『両像・森鷗外』（文藝春秋、一九九四年）
森鷗外『鷗外全集』全三十八巻（岩波書店、一九七一年）
芥川竜之介『侏儒の言葉・文芸的な、余りに文芸的な』（岩波文庫、二〇〇三年）
『コンパクト版新選組史料集』（新人物往来社、一九九五年）
宮地正人『歴史のなかの新選組』（岩波書店、二〇〇四年）
松浦玲『新選組』（岩波新書、二〇〇三年）
中村彰彦『名将がいて、愚者がいた』（講談社、二〇〇四年）
森鷗外「阿部一族」『鷗外歴史文学集』第二巻（岩波書店、二〇〇〇年）
「近代日本の異能・偉才　実業家100人」『月刊Ａｓａｈｉ』一九九三年九月号
星新一『人民は弱し官吏は強し』（新潮文庫、一九七八年）

グイド・クノップ著、高木玲訳『ヒトラーの戦士たち――6人の将帥』（原書房、二〇〇二年）
ジョン・ピムロット著、岩崎俊夫訳『ロンメル語録――諦めなかった将軍』（中央公論新社、二〇〇〇年）
アイスキュロス著、久保正彰訳『アガメムノーン』（岩波文庫、一九九八年）
茅誠司「春に消えた〝冬の華〟」『文藝春秋』一九六二年六月号
茅誠司「忘れ得ぬ雪の科学者」『文藝春秋』一九六六年五月号
高瀬正仁『評伝岡潔――花の章』（海鳴社、二〇〇四年）
牧野富太郎『牧野富太郎自叙伝』（講談社学術文庫、二〇〇四年）
下坂英「誤解と伝説に包まれた『独学の大学者』」『二十世紀の千人』第五巻（朝日新聞社、一九九五年）
山口昌男『経営者の精神史――近代日本を築いた破天荒な実業家たち』（ダイヤモンド社、二〇〇四年）
杉森久英『夕陽将軍――小説・石原莞爾』（河出文庫、一九八一年）
岡田益吉『日本陸軍英傑伝――将軍暁に死す』（光人社NF文庫、一九九四年）
オクターヴ・オブリ編、大塚幸男訳『ナポレオン言行録』（岩波文庫、一九八三年）
佐治芳彦『石原莞爾――天才戦略家の肖像』（経済界、二〇〇一年）

亀井宏『東條英機』上（光人社NF文庫、一九九八年）
福田和也『地ひらく――石原莞爾と昭和の夢』（文藝春秋、二〇〇一年）
スエトニウス著、国原吉之助訳『ローマ皇帝伝』上（岩波文庫、一九八六年）
塩野七生『勝者の混迷　ローマ人の物語III』（新潮社、一九九四年）
柘植久慶『名将たちの戦場』（中公文庫、二〇〇三年）
ルドルフ・シュトレビンガー著、守屋純訳『赤軍大粛清――20世紀最大の謀略』（学研、一九九六年）
李志綏著、新庄哲夫訳『毛沢東の私生活』下（文春文庫、一九九六年）
池宮彰一郎『島津奔る』上下（新潮文庫、二〇〇一年）
山本博文『島津義弘の賭け――秀吉と薩摩武士の格闘』（読売新聞社、一九九七年）
室鳩巣『駿台雑話』（岩波文庫、一九三六年）
岡谷繁実『名将言行録』第一巻（岩波文庫、一九九七年）
W・S・ブラント著、栗田禎子訳『ハルツームのゴードン――同時代人の証言』（リブロポート、一九八三年）
杉田英明『日本人の中東発見――逆遠近法のなかの比較文化史』（東京大学出版会、一九九五年）

アラン・ムアヘッド著、篠田一士訳『白ナイル――ナイル水源の秘密』（筑摩叢書、一九七〇年）
Lord Cromer, *Modern Egypt*, New York: The Macmillan company, 1908.
クローマー著、安田藤吉訳『最近埃及』（大日本文明協会、一九一一年）
ワイルダー著、松村達雄訳『サン・ルイス・レイ橋』（岩波文庫、一九五一年）
上法快男編『元帥寺内寿一』（芙蓉書房、一九七八年）
中村彰彦『保科正之――徳川将軍家を支えた会津藩士』（中公新書、一九九五年）

あとがき

世界史の登場人物は、他人の幸運や富をうらやんできた。金銭や土地の場合に限らない。名声や徳性についても、かなりの艱難辛苦《かんなんしんく》をのりこえたすえに獲得したのならともかく、ただ同然でたやすく手に入れたように思われると、人びとは成功者をねたみがちだった。

こうした試練に直面したとき、誰でも古代ギリシアの悲劇詩人エウリピデスが紹介するような機智あふれる発言で危機を切り抜けられたわけではない（プルタルコス「人から憎まれずに自分をほめること」）。

どうして私が賢いなどと申せよう。ただ憂いもなく、

多数《あまた》の兵士らの一人として、
この道の達人と、等しく運を分け合《お》うたのみ。

社会史研究者でもない私が『嫉妬の世界史』を書くことになったのは、まったくの偶然からである。話は、「波」（新潮社）二〇〇一年五月号に「男の嫉妬」という小さなエッセイを書いたときにさかのぼる。池宮彰一郎氏の『島津奔る』（新潮社）について感想を寄せた際、島津義久の弟義弘に対する嫉妬心の問題をとりあげたのである。

これに目を留めたのは、新潮社出版企画部部長の伊藤幸人氏だったらしい。伊藤氏はすぐに、発刊準備中の新潮新書編集長の三重博一氏に『嫉妬の世界史』の執筆を私に依頼してはと示唆されたと聞いている。自社の雑誌とはいえ、伊藤氏のアンテナの鋭さには驚いたものだった。旧知の三重氏からはすぐに慫慂《しょうよう》が寄せられた。

二人の旧友のリクエストにもかかわらず、執筆は新書の発刊ラインアップにも一周年にも間に合わず、いたずらに遅延を重ねた。今回ようやく脱稿したのは幸いであった。私の怠慢を三重氏らにお詫びする以外にない。また、後藤ひとみさんは丁寧に原稿をお読みくださり、的確な助言をいただいた。叙述は「分かりやすく、読者に親切に」と繰り返す後藤さんの言葉は、私がいつも学生たちに言いそうなセリフなので、少しおかしい思いをしたものだ。

私の国である日本を含めて世界の歴史を語ることはむずかしい。しかし、「嫉妬」という変わった切り口で世界史を考えることは、それなりに楽しい仕事であった。ともかく執筆ができたのは、参照文献に紹介した先人たちの古典や研究のおかげでもある。関係者の方々には厚く深く御礼を申し上げておきたい。

二〇〇四年八月　私の誕生日に

山内昌之